LA PROTESTANTE,

OU

LES CÉVENNES

AU COMMENCEMENT DU 18ᵉ SIÈCLE;

PRÉCÉDÉE

D'UNE INTRODUCTION HISTORIQUE

SUR LA GUERRE DES CAMISARDS.

✻

TOME III.

✻

PARIS,

PONTHIEU ET Cⁱᵉ., LIBRAIRES,

QUAI MALAQUAIS, N° 1, ET AU PALAIS-ROYAL.

LEIPZIG,

MÊME MAISON DE COMMERCE.

═══

1828.

LA

PROTESTANTE.

132?

LA PROTESTANTE,

ou

LES CÉVENNES

AU COMMENCEMENT DU 18e SIÈCLE.

Précédée d'une Introduction historique sur la guerre des
Camisards.

*

TOME III.

*

A PARIS,

BOSSANGE ET Cie., LIBRAIRES,

PALAIS-ROYAL ET QUAI MALAQUAIS, N° 1.

LEIPZICG,

MÊME MAISON DE COMMERCE.

1828.

LA PROTESTANTE,

ou

LES CÉVENNES

AU COMMENCEMENT DU 18ᵉ SIÈCLE.

* * *

CHAPITRE XXVII.

Tel a dompté sur mer la tempête obstinée,
Qui déçu dans le port éprouve en un instant
Des accidens humains le revers inconstant.

Mathurin RÉGNIER.

La prophétesse monta l'étroit escalier qui conduisait au premier étage de la tour, et entra dans une chambre vaste et délabrée. Le soleil levant pé-

nétrait à travers une meurtrière pratiquée dans le mur, qui avait plusieurs
pieds d'épaisseur, et formait comme
un rayon éblouissant qui éclairait ce
sombre lieu.

Marie s'assit sur un vieux coffre, sa
bible posée sur ses genoux, et demeura
plongée dans cet état qui participe à
la fois de la veille et du sommeil. La
fatigue avait dompté son corps, et son
esprit ne pouvait demeurer en repos.
Elle pensait toujours, mais avec effort, et comme livrée à un songe pénible.

Au bout de quelques heures, Élisabeth entra dans la chambre; le bruit
léger de ses pas avait suffi pour éveiller
la prophétesse.

— Ma fille, dit-elle, vous me parais-
sez bien pâle et bien souffrante.

Élisabeth essaya de sourire ; mais ses yeux se remplirent de larmes.

— Je suis bien, dit-elle, et si vous le voulez, nous allons parcourir ensemble le château ; je ne l'ose pas toute seule.

Marie sourit d'un air bienveillant et mélancolique ; et cette expression, si rare sur son visage, avait un charme inconcevable. Elle se leva, et suivit Élisabeth.

Elles traversèrent lentement le cloître. Les souvenirs que retraçait ce lieu s'offrirent en foule à la mémoire d'Élisabeth. Elle se représentait le temps éloigné où des guerriers religieux habitèrent cette antique demeure. Il lui semblait les voir encore errer derrière ces énormes piliers qui soutenaient les arceaux terminés en ogives. Elle songeait au jour où les Templiers, dépouillés de leurs biens et proscrits comme elle, furent peut-être massacrés à la place que ses pas foulaient en ce moment.

Marie devina les pensées qui occupaient sa compagne.

— Ces lieux furent inondés de sang, dit-elle en montrant les larges pierres dont la cour était pavée, mais le temps en a effacé toutes les traces. Que de générations ont passé depuis, et se sont livrées au plaisir sous ces mêmes voûtes qui virent tant d'assassinats !

Une porte qui s'ouvrait dans le cloître laissait voir le vestibule et le grand escalier qui conduisait aux appartemens du premier étage.

Élisabeth franchit légèrement les marches délabrées, et entra dans un vaste salon. Là on retrouvait quelques traces du luxe et de la richesse des anciens possesseurs du château. La cheminée était ornée de sculptures, des lambeaux de tapisserie pendaient aux murs, et quelques meubles - encore couverts d'une dorure rougeâtre gissaient dans les coins, où on semblait les avoir placés pour les garantir de la pluie et du vent, qui passaient sans obstacle au travers des fenêtres dégarnies de vitres et de volets.

Lhomond avait rejoint Élisabeth et la prophétesse. Il considérait avec elle les débris d'une opuleuce qui avait fait place à la dégradation et à la misère.

— J'ai vu ce château dans un état bien différent, dit-il, il y a quarante ans, lorsque j'y suivis M. le comte, qui venait assister aux noces de mademoiselle de Viala. L'édit n'était pas encore révoqué, le mariage fut célé-

bré, en plein midi, dans le temple de
Villefort (1). Toute la contrée y as-
sista, car les Viala étaient de braves
seigneurs aimés du peuple.

Marie s'avança d'une fenêtre, d'où
l'on découvrait tout le vallon.

— O ciel! dit-elle, je vois des dragons au pied de la colline!

— Je les vois, je les vois aussi! s'é-
cria Lhomond en se tordant les bras,
nous sommes perdus!...

— Nous n'avons d'autre ressource,
dit la prophétesse, que de sortir d'ici
à l'instant, et de gagner le bois. Qui
sait encore si de ce côté la retraite est
possible!

En disant ces mots elle s'élança dans
l'escalier, et traversant le château en

---

(1) Bourg des Hautes-Cévennes.

courant, elle fut bientôt au sommet de la tour. De là on découvrait tous les environs. C'en était fait, tout espoir de fuir devenait impossible, la tour de Viala était cernée par les dragons de Lalande.

Les cris de Lhomond avaient déjà jeté l'alarme. Tout le monde se réunissait dans la cour, sans savoir au juste de quel danger on était menacé. En ce moment on frappa à coups redoublés à la porte de la tour.

— Qui vive ? cria Pierre en regardant au travers des barreaux de fer du guichet.

— Ouvrez, de par le roi, répondit-on.

— De par le roi ou de par le diable, vous n'entrerez pas, répliqua Pierre, passez votre chemin : je sais trop ce que l'on gagne à recevoir des habits d'uniforme; les derniers qui sont venus ici ne m'ont laissé ni un morceau de pain ni un verre de vin.

—Ce n'est ni à ton pain ni à ton vin qu'on en veut, dit le dragon qui avait porté la parole; il ne doit pas t'en rester beaucoup, après la visite que tu as eue ce matin. Ouvre, ou nous allons enfoncer la porte.

Pour toute réponse, Pierre referma le guichet.

CHAPITRE XXVIII.

. . . . . , . Quand le ciel en colère,
De ceux qu'il persécute a comblé la misère,
Il les soutient souvent dans le sein des douleurs,
Et leur donne un courage égal à leurs malheurs.

VOLTAIRE.

FRÈRES, dit Marie aux soldats camisards, prenez vos armes; il vaut mieux périr par la main des soldats que par la main des bourreaux. Tout

est fini pour nous ; il ne nous reste
qu'à recommander notre ame à Dieu ,
et à vendre chèrement notre vie.

Les cris d'un fanatisme désespéré ré-
pondirent à ce discours.

— N'y a-t-il aucune brèche aux murailles ? demanda la prophétesse.

— Non , répondit Pierre. pour entrer , il faut absolument qu'ils passent
par la porte , et elle résistera long-
temps.

Cependant les Camisards s'étaient
postés aux fenêtres , et de là ils ti-
raient sur les dragons ; chaque coup
faisait tomber son homme. Les assail-
lans ne pouvaient se défendre contre
ces ennemis invisibles ; mais rassem-
blant des branches sèches devant la
porte , ils se préparaient à y mettre
le feu.

La prophétesse , les yeux animés et

les cheveux en désordre, s'avança vers
les femmes, qui, réunies dans le cloître, pleuraient et jetaient des cris de
détresse. Près de là, Abraham Mazel,
que ses blessures empêchaient de marcher, était couché par terre.

— Au nom de Dieu tout puissant.
criait-il, ne me laissez pas mourir ici,
portez-moi sur les murailles, au milieu
des Philistins, que je puisse, comme
Samson, les écraser et périr avec eux!..

Abraham, dit Marie, l'heure de
notre glorieux martyre va sonner. Ex-
hortez nos sœurs.... Heureux ceux
qui meurent pour la foi!.... béni soit
le Seigneur qui nous attire à lui.....
Prions, prions que miséricorde nous
soit faite en ce dernier moment....

— La porte a pris feu, dit Pierre
en sortant de la tour.

— A genoux, mes sœurs, s'écria

la prophétesse, tout est fini pour nous....

Cependant, Lhomond courait de tous côtés en appelant Elisabeth d'une voix désespérée; enfin, il la trouva dans une chambre reculée.

— Venez, dit-il en l'entraînant, dans quelques minutes le château sera pris, personne n'en réchappera, mais j'ai le moyen de vous sauver, l'armoire existe encore...., Il la conduisit dans une chambre ornée de boiseries et touchant un panneau qui était près de la cheminée; il ouvrit une espèce de niche dans laquelle une personne pouvait se tenir debout.

— Entrez là, dit-il à Elisabeth; cette nuit, quand le tumulte sera apaisé et que vous comprendrez que les dragons ont abandonné le château, vous sortirez et vous tâcherez de gagner quelque village, Dieu fera le reste......

— Et vous, Lhomond?...

— Si je vis et que je ne sois pas prisonnier, demain soir, vous me trouverez au val d'Andore : au nom de Dieu, cachez-vous!....

— En ce moment des cris horribles se firent entendre.

— La porte est forcée! s'écria Lhomond, cachez-vous....

— Non, répondit Elisabeth d'un ton ferme, ce sera vous qui entrerez là. On me fera prisonnière, mais ma vie est en sûreté; et vous, Lhomond, ils vous massacreraient sous mes yeux, entrez-là....

— Non, dit le vieux serviteur.

— Lhomond, je vous en supplie! s'écria Elisabeth en tombant à genoux, je ne bouge plus d'ici....

Le tumulte augmentait, déjà on montait l'escalier.

— Vous le voulez, dit Lhomond; et il se précipita derrière la boiserie qui se referma aussitôt.

Un instant plus tard, il n'était plus temps; une vingtaine de dragons entrèrent dans la chambre.

— Mademoiselle de Mauléon!.. s'écria l'officier qui les commandait.

Elisabeth était encore à genoux devant la cheminée. elle se leva et s'avança vers l'officier.

— Monsieur, dit-elle, c'est entre vos mains que je me remets prisonnière. J'espère que vous voudrez bien me préserver de tout danger et de toute insulte.

L'officier s'inclina sans répondre, et mettant deux soldats en faction à la porte de la chambre, il s'éloigna avec le reste de sa troupe.

Au bout de quelques minutes, le lieutenant-général Lalande entra suivi d'une partie de ses officiers.

— Mademoiselle, dit-il en s'approchant d'Elisabeth, nous allons vous conduire à Nîmes, et l'on aura pour vous tous les égards dus à votre rang et à votre malheur.

Elisabeth ne répondit pas. Elle rattacha ses longs cheveux qui tombaient en désordre autour de sa taille; ensuite croisant ses bras, elle marcha précédée par Lalande et son état-major.

Dès les premiers pas qu'elle fit en descendant l'escalier, un affreux spectacle frappa ses regards. Toutes les femmes avaient été massacrées et leurs corps sanglans étaient dispersés dans le cloître. Au milieu du vestibule, la tête d'Abraham Mazel gissait à quelques pas de son corps mutilé.

Élisabeth détourna la vue et se hâta de sortir du château. Mais là une scène plus déchirante encore l'attendait. Marie, couverte de sang, et les mains liées derrière le dos, allait être emmenée à Nîmes. Quelques soldats camisards étaient à ses côtés et partageaient le même sort.

— Ma fille, dit-elle en voyant Élisabeth, Dieu, dans sa colère, m'a épargnée aujourd'hui. Que son nom soit béni ! Ma place est marquée, je sais ce qui m'attend... Ma fille, nos destinées ne seront point pareilles. Les voies par lesquelles on veut nous perdre ne sont point les mêmes; plus de périls t'environneront, souviens-toi...

Elle n'en dit pas davantage, on l'éloigna d'Élisabeth.

Il était alors environ trois heures après midi. Les dragons commencèrent à défiler. Une escorte nombreuse entourait les prisonniers qui, liés deux à deux, descendaient lentement la colline. Lorsqu'ils furent arrivés dans le vallon, M. de Lalande les passa en revue.

— Mettez cette femme à cheval, dit-il en voyant la pâleur et la faiblesse de la prophétesse.

— Mettre à cheval des gens qu'il faudrait mener pieds et poings liés, murmura celui auquel cet ordre s'adressait, faire aller un dragon à pied pour ménager les jambes de ce prédicant femelle...

— Coquin, interrompit Lalande, c'est toi qui seras mis à terre, tu marcheras à la queue de ton cheval.

— Soit, dit le dragon, mais elle peut prendre garde et se bien tenir.

Marie s'élança légèrement sur le cheval qu'on lui présenta. L'animal indocile et méconnaissant peut-être la main qui le guidait, partit aussitôt au grand galop. Un cri général s'éleva.

— Elle s'échappe! Courez après elle, s'écria Lalande en suivant de l'œil la prophétesse qui, penchée sur le cou de son cheval, paraissait l'exciter au lieu de le retenir.

— Je tâcherais bien de la rattraper, dit d'un air goguenard le dragon qu'on avait dépossédé de sa monture; mais à pied je ne sais pas courir, à cheval c'est autre chose; mon Noiraut a de bonnes jambes; bien fin qui l'aura, s'il ne trouve devant lui ni muraille ni fossé.

Tous les cavaliers étaient partis à la poursuite de Marie ; mais avant qu'ils eussent pu l'atteindre, elle s'arrêta d'elle-même, et on la vit glisser et tomber par terre à côté de son cheval qui demeura immobile.

Les prisonniers avaient suivi d'un regard plein d'espoir et d'anxiété tous les mouvemens de la prophétesse.

— Pourquoi ne s'est-elle pas sauvée? s'écria Pierre en la voyant tomber ; avec du courage et un bon cheval on se tire de partout.

— Ses forces l'ont trahie, répondit un autre prisonnier, elle est-exténuée comme nous. Songez que depuis vingt-quatre heures nous ne vivons que de la parole de Dieu.

— Il y paraît à ta face, dit le dragon, tu portes sur tes joues un certificat de famine. Pour peu que tu te plaignres, on te mettra en croupe sur mon Noiraut avec cette grande diablesse qu'on ramène.

Ce sera toi qui auras l'honneur de l'avoir côte à côte jusqu'à Nîmes, interrompit le lieutenant-général qui avait entendu cette conversation, et tu prendras garde qu'en route elle ne glisse pas à terre.

Marie avait repris ses sens et elle revenait au petit pas de son cheval, escortée par une vingtaine de dragons.

— Allons, la belle, dit le cavalier démonté, un peu de place pour moi sur mon Noiraut. Je voyagerai volontiers avec vous, car vous vous tenez bien à cheval, mieux qu'aucune femme que j'aie connue. En général, tout ce qui porte un jupon n'entend rien à cela.

La prophétesse ne daigna rien répondre. Elle arrangea autour d'elle les plis de sa longue robe noire et demeura immobile derrière son compagnon de voyage.

— Mademoiselle, dit le lieutenant-général à Élisabeth, je réponds personnellement de vous; c'est moi qui commanderai l'escorte qui va vous conduire à Nîmes, et je ne vous quitterai qu'en vous remettant entre les mains de M. de Basville. Tout est disposé pour que nous partions à l'instant.

Élisabeth frémit en entendant ces paroles, et toutes les circonstances de sa première captivité se retracèrent à sa mémoire.

Tout était en mouvement pour le départ. Élisabeth monta le petit cheval qu'on lui amena, et M. de Lalande, l'éloignant des autres prison-

niers, la fit mettre à côté de lui. On
partit aussitôt, et après sept jours de
la route la plus pénible, on arriva
vers le soir aux portes de Nîmes.

———

CHAPITRE XXIX.

L'honneur est un maigre profit

AVANT d'arriver à Nîmes, et à quelque distance de la porte des Carmes, il y avait sur la route une maison de chétive apparence. Une branche de

pin suspendue à l'entrée - annonçait
que l'on vendait là du vin, et peut-
être d'autres rafraîchissemens d'un
genre plus distingué, mais il fallait
avoir un gosier bien altéré pour se laisser tenter par cette enseigne, surtout
quand on avait jeté un coup-d'œil
dans l'intérieur de ce taudis.

On était à la fin d'octobre, le soleil
couchant colorait d'une lumière rou-
eâtre la cîme des arbres, dont les
teintes variées annonçaient l'approche
de l'hiver. Un vent impétueux ba-
layait les feuilles, et les soulevait en
tourbillons.

Une femme parut sur la porte du
cabaret; c'était la maîtresse de ce lieu
de plaisance.

— On ne voyage pas par un temps
pareil, dit-elle, il n'y a personne sur
la route. Allons, il faut fermer et

faire bon feu, la nuit sera froide.

En ce moment, le roulement d'une voiture se fit entendre dans l'éloignement.

— Ce n'est pas du gibier pour nous, dit l'hôtesse ; d'ailleurs ils viennent du côté de la ville. Mais où diable peut-on aller à pareille heure, et par un temps pareil ?

La voiture avançait toujours ; arrivée devant le cabaret, elle s'arrêta.

— Il ne faut jamais vendre ses bonnes fortunes, s'écria l'hôtesse : Jacques, mettez une chandelle sur la cheminée, jetez une poignée de broussailles dans le feu, secouez les chaises, faites descendre les chats de dessus la table, mettez le chien dehors. Butor ! ôtez donc cette marmite du passage.

Cependant deux hommes descendaient de la voiture, et s'avançaient vers le cabaret.

— Entrez, entrez, messieurs, dit l'hôtesse en faisant place ; vous devez avoir froid : mais rien ne réchauffe comme un feu de broussailles d'olivier. Mettez-vous sous la cheminée, il y fait bon. Ces messieurs prendront peut-être quelque chose pour se réconforter l'estomac ?

— Non, répondit l'un des étrangers ; et il s'assit devant le feu, son compagnon avait déjà pris place.

— Monsieur Bossard, dit-il en secouant son manteau de fin drap noir, dont le bout avait touché les cendres ; Monsieur Bossard, il serait ennuyeux de passer la soirée ici.

— Sans contredit, mon père, mais les ordres de monseigneur sont précis : nous devons attendre ici monsieur le lieutenant-général, dût-il n'arriver qu'à minuit.

— Sa lettre désignait positivement le jour et l'heure.

— En ma qualité de secrétaire particulier de monseigneur, j'ai eu l'honneur de la lire, j'ai même interrogé le courrier qui l'a apportée.

— Quel heureux événement ! interrompit le jésuite. Combien les voies de la Providence sont miraculeuses ! Elle prend pour ainsi dire mademoiselle de Mauléon par la main pour la ramener au sein de l'Église.

— C'est vrai, c'est positif, répondit le secrétaire en arrangeant sa perruque. Qui aurait cru que Monsieur de Lalande la trouverait à la tour de Viala ? nous l'avions tant fait chercher de tous côtés. Si vous saviez tout le mal que m'a donné cette affaire : j'ai

écrit plus de deux cents lettres; et le
signalement, je l'ai recopié plus de
trois cents fois ; aussi je le sais par
cœur, je vous en réponds : taille de
cinq pieds, cheveux noirs, nez bien fait,
menton rond, visage ovale, etc., etc. ;
ce n'est pas l'embarras, ces diables de
signalemens se ressemblent tous.

— Chut, interrompit le père Gabriel, n'entendez-vous pas du bruit?

En effet, on distinguait un murmure confus et les pas des chevaux.

— Les voilà, dit Bossard, en jetant
son manteau sur ses épaules, allons.

Ils sortirent du cabaret.

— Vraiment, dit l'hôtesse, en les
regardant s'en aller, il y a du plaisir
à recevoir ces grands seigneurs. Gelez-
vous pour leur faire place au feu, mettez tout sens dessus dessous pour avoir
un air de propreté qui leur plaise, et

vous verrez quel beau profit vous en
retirerez. Jacques, mon enfant, quand
tu verras entrer ici un monsieur, laisse
toutes les marmites au milieu; si les
chats dorment sur la table, ne les éveille
pas; en un mot ne dérange personne;
entends-tu, Jacques?...

—Oui, oui, la mère, dit le jeune garçon; mais, soyez tranquille, voilà la
première et la dernière fois que vous
recevrez une pareille visite.

— Tant mieux, tant mieux! l'honneur est un maigre profit; encore, s'ils
étaient venus en plein jour.

— Ah! mon Dieu! que dites-vous
là? Est-ce qu'ils seraient entrés s'ils y
avaient vu; ils auraient mieux aimé
faire quelques pas de plus et aller au
Coq-d'Argent.

— Tais-toi, Jacques, tu n'es qu'une
bête.

Cependant le jésuite et le secrétaire attendaient sur le bord du chemin la troupe qui s'avançait.

— Arrêtez, arrêtez, messieurs, cria Bossard quand il fut à portée d'être entendu ; arrêtez, nous sommes des envoyés de M. de Basville.

—Monsieur, dit le père Gabriel en s'approchant du lieutenant-général, je me trouve heureux de pouvoir vous féliciter le premier...

— Quoi, c'est vous, mon Père, interrompit M. de Lalande en arrêtant son cheval, comment vous trouvez-vous ici à pareille heure et par le temps qu'il fait ?...

— Ce sont les ordres de monseigneur, nous avons amené une voiture pour conduire directement mademoiselle de Mauléon à l'hôtel.

— Soit, dit le lieutenant-général ;

mais prenez garde qu'en chemin on ne l'enlève encore une fois.

— Monsieur, dit Élisabeth en descendant de cheval, accordez-moi la permission de faire mes adieux à mes compagnons d'infortune : que je puisse les voir une dernière fois, je vous le demande en grâce.

Le lieutenant-général ne répondait pas, et paraissait irrésolu.

— Ce serait inouï, murmura Bossard, permettre des communications entre les prisonniers, et sur la grande route, avec un vent qui renverse bêtes et gens...

— Mademoiselle, dit Lalande, ce que vous me demandez est impossible, je suis désolé de vous refuser.

Élisabeth s'inclina sans répondre ; et tournant ses yeux humides de pleurs

vers les prisonniers , elle leur fit de la
main un signe d'adieu.

— Allons, allons , monseigneur attend , dit Bossard.

Ils montèrent tous trois dans la voiture , qui partit au grand trop ; et en
peu de temps ils arrivèrent à l'hôtel de
l'intendance.

CHAPITRE XXX.

Il n'est point à la cour de pardon pour l'offense ;
Hommes dans leurs erreurs et dieux dans leur vengeance,
Les cour isans cruels restent toujours armés
Contre des ennemis que la haine a nommés.

BERNIS.

MALGRÉ la nuit, la foule s'était ras-
semblée dans les rues et dans la cour
de l'hôtel, pour voir arriver Élisabeth.
Quand elle descendit de voiture, le

peuple frappé de sa beauté, touché de
ses malheurs, laissa échapper un long
murmure.

— Monseigneur nous attend dans
son cabinet, venez, mademoiselle, dit
le père Gabriel, en offrant la main à
Élisabeth.

Ils montèrent l'escalier et traversèrent l'antichambre sans rencontrer
personne.

— Annoncez, dit Bossard à un domestique.

Le laquais ouvrit les deux battans.

— Mademoiselle de Mauléon, cria-
t-il.

Élisabeth entra; ses genoux la soutenaient à peine.

M. de Basville était seul et écrivait;
il se leva et fit signe à Élisabeth de s'asseoir.

— Qu'on avertisse madame de Brasci, dit-il.

Le jésuite et le secrétaire demeurè-rent debout près de la porte; il y eut quelques minutes de silence pendant lesquelles l'intendant continua d'é-crire.

— Madame la comtesse de Brasci, cria le laquais, en rouvrant les deux battans.

La comtesse entra, suivie de son frère.

— Ma fille, dit M. de Basville, je confie encore une fois à vos soins ma-demoiselle de Mauléon; faites-lui con-naître ma volonté, et disposez-la à l'obéissance..

— Monsieur, répondit la comtesse en s'inclinant, croyez que si le succès ne répond pas à votre attente, ce ne sera pas la faute de mon zèle.

— Conduisez mademoiselle de Mauléon chez vous, dit l'intendant; et vous, monsieur, restez, ajouta-t-il en se tournant vers le chevalier qui était demeuré debout derrière sa sœur.

La comtesse sortit en emmenant Élisabeth; le jésuite et le secrétaire les suivirent.

— Approchez-vous, approchez-vous encore, dit M. de Basville en faisant signe à son fils de s'asseoir, ce que je veux vous dire est très-important.

— Je vous écoute, monsieur.

— J'ai reçu ce matin des lettres de la cour; savez-vous ce qu'a fait le duc de Beauvilliers?

— Non, monsieur.

— Il s'est fait mettre à la Bastille.

— Comment?

— Oui, il s'est fait mettre à la Bastille en arrivant à Paris, après avoir passé six semaines chez moi; et puis accueillez des imprudens, des fous de cette espèce, des gens qui se compromettent.

— Mais, de quoi est accusé le duc?

— D'une chose inouie, dit M. de Basville à demi voix; et comme s'il eût craint de répéter un blasphême : Il a osé dire que le roi n'y voyait que au travers des lunettes de madame de Maintenon.

— Et le voilà à la Bastille. Qui sait comment finira cette affaire?

— Elle est finie par malheur. Le duc a été servi chaudement; on dit que la duchesse de Bourgogne a elle-même demandé sa grâce, il est sorti de la Bastille; mais Sa Majesté l'a exilé de la cour, et c'est Nîmes qu'il a choisi pour le lieu de son exil. Qu'en ferons-nous ici?

— Le logerez-vous encore à l'hôtel?

— Y pensez-vous? cela était bon
autrefois; mais à présent, un homme
mal vu à la cour; pourtant, il faut
aller doucement; la duchesse a demandé sa grâce, le roi est vieux, et...
Albert, voici décidément ce qu'il faut
faire. Vous offrirez au duc votre maison (puisque, grâce à moi, les confiscations vous ont rendu quelque chose,
et que vous avez une maison); elle
touche à l'hôtel, il y a même une
porte de communication, cela pourra
nous être utile.

— Quel jour arrivera le duc?

— Peut-être demain.

— Eh bien! demain, je lui offrirai
ma maison. N'avez-vous plus d'ordres à
me donner?

— Non, allez chez votre sœur, et
disposez de votre mieux mademoiselle

de Mauléon à vous épouser dès qu'elle aura entendu sa première messe.

Le chevalier courut chez madame de Brasci, il la trouva dans sa chambre. Le père Gabriel était assis devant elle et la conversation paraissait animée. Pionne. debout près de sa maîtresse, semblait un factionnaire immobile à son poste. Le jésuite se leva et prit congé quand le chevalier entra.

— Eh bien, Albert. dit la comtesse. nous la tenons encore maintenant.

— Où est-elle? je la croyais chez vous.

— Je l'ai envoyée coucher.

— Vous auriez bien pu attendre encore un moment. Lui avez-vous parlé?

— Non. Albert, ce sera pour demain matin à son réveil; ce soir elle était si fatiguée....

— Mais, interrompit le chevalier, que d'attentions! comme vous êtes bonne ce soir! ne serait-ce pas l'envie de causer en tête-à-tête avec le père Gabriel, qui....

— Taisez-vous, Albert, s'écria la comtesse en lui mettant la main sur la bouche, je le déteste! ce n'est pas là un mensonge, jamais parole aussi vraie n'est sortie de ma bouche.

— Pourquoi donc le recevoir ainsi à toute heure?

— Je le ménage : si vous saviez, Albert, tout ce que peut cet homme? n'en parlons plus. Dites-moi, que vous voulait mon père?

— Il avait à me donner une nouvelle qui vous intéresse un peu.

— Quoi donc?

— Il s'agit de quelqu'un sur lequel vous avez des vues.

— Mais, dites, dites donc?

— Eh bien, ces deux mots : le duc de Beauvilliers a été embastillé, puis exilé, et il arrive demain à Nîmes.

— Est-il possible?

— Très-possible, très-sûr ; mais, que ferez-vous du duc maintenant? Un homme mal vu à la cour; cela ne vous va plus.

— Que dites-vous là? quelle tête! ne verrez-vous jamais que le moment présent? Le duc est exilé; soit; mais, sa fortune est-elle confisquée? le roi n'est-il pas vieux? ne peut-il pas mourir d'un jour à l'autre? et les disgrâces encourues sous un règne, ne sont-elles pas un titre de faveur sous un autre?

— Ainsi donc, vous ne renoncez pas à vos projets?

— Non, Albert, non, jamais. Une fois que je suis partie, il faut que j'ar-

rive : c'est là ma maxime. Mais pourquoi le duc est-il exilé ?

Alors le chevalier raconta à sa sœur
tout son entretien avec M. de Basville.

— Albert, dit tout à coup la comtesse, il est bien tard. Nous resterions
là à causer toute la nuit ; il faut pourtant que je dorme. Le duc arrive demain, et je veux être belle, plus belle
que jamais.

— Adieu donc, dit le chevalier en
baisant la main de sa sœur ; mais, je
vous en prie, au milieu de toutes vos
affaires, songez un peu aux miennes.

CHAPITRE XXXI.

D'autres ont prononcé le serment de la crainte :
Vous entendez ma bouche, incapable de feinte,
Rejeter loin de moi des liens que je hais !
Voilà , dès aujourd'hui, le serment que je fais.

CUÉNIER.

LE lendemain de bonne heure, madame de Brasci se rendit près d'Élisabeth. Elle la trouva déjà levée et assise près d'une fenêtre qui s'ouvrait sur le jardin. Sans doute des pensées bien tristes l'occupaient ; car de grosses larmes roulaient dans ses yeux et tombaient sur ses mains jointes. Elle fit un mouvement de surprise en voyant la comtesse, et se hâta d'essuyer ses pleurs.

— Comment vous trouvez-vous ce matin? dit madame de Brasci d'un ton léger et comme pour entrer en conversation.

— Aussi bien qu'on peut l'être dans ma triste situation, répondit doucement Élisabeth.

— Votre triste situation, répéta la comtesse; mais c'est votre faute si vous la voyez ainsi; c'est votre obstination qui vous rend malheureuse. Il faut parfois céder aux événemens, se laisser gouverner par eux à propos est la vraie science de la vie.

Élisabeth secoua la tête.

— Je perds mon temps en vous parlant raison, dit la comtesse d'un air d'impatience, c'est de l'hébreu pour vous : un jour vous me comprendrez mieux. En attendant, on fera votre bonheur malgré vous. M. de Basville a fait connaître sa volonté : vous abjurerez la veille de Noël.

— Non, madame, répondit froidement Élisabeth.

— Non, répéta la comtesse. Ignorez-vous donc les moyens que l'on a pour vous y contraindre?

— Madame, interrompit Élisabeth, le jour où on voudra les mettre à exécution est encore éloigné; jusques-là veuillez m'épargner toute prière et toute menace, les unes et les autres seraient également inutiles.

— Soit, dit la comtesse ; mais il me

reste à vous entretenir sur un sujet important. Mon frère désire obtenir votre main, M. de Basville approuve son choix, vous êtes entièrement libre, ainsi je pense que ce projet n'éprouvera aucune difficulté.

Élisabeth rougit vivement en entendant ces paroles.

— Madame, répondit-elle après un moment de silence, j'étais loin de m'attendre à une pareille proposition; je sens tout le prix de l'honneur que vous voulez me faire; mais je ne puis y répondre que par un refus. Je ne me marierai jamais qu'avec un homme de ma religion.

— Cette résolution est-elle bien positive?

— Positive, irrévocable.

— Nous verrons, dit la comtesse en se levant. Ma commission est remplie,

je vais en rendre compte à ceux qui
me l'ont confiée. Ils parleront à leur
tour, et seront peut-être plus habiles
ou plus heureux.

Madame de Brasci, en sortant, rencontra son frère sur l'escalier.

— Eh bien! dit-il, comment vont
mes affaires?

— Mal. Avez-vous des nouvelles à
me donner? le duc...

— Il arrive à l'instant, je vais aller
le voir.

— Je cours à ma toilette, dit la comtesse en s'enfuyant.

— Écoutez! écoutez! cria le chevalier en courant après elle; mais il ne
put l'atteindre; elle ferma la porte de
son appartement en riant de l'impatience et de la colère de son frère.

Dans l'après-midi du même jour,

une société nombreuse se réunit dans le salon de madame de Brasci.

— Il est là, dit le chevalier en entrant et en se penchant à l'oreille de sa sœur.

La comtesse jeta un coup-d'œil rapide sur la glace qui ornait la cheminée, arrangea les plis de sa robe de damas gris et demeura debout, le dos tourné vers la porte.

— Monsieur le duc de Beauvilliers, cria un laquais en annonçant.

Une rougeur brûlante couvrit le front d'Élisabeth, son cœur battit vivement. Étonnée et confuse de son émotion, elle se cacha derrière madame de Brasci.

Le duc entra et ses premières paroles furent pour la comtesse; mais un regard furtif et rapide alla plus loin et s'arrêta sur Élisabeth.

Après les premiers complimens d'usage, madame de Brasci laissa voir au duc avec la plus adroite coquetterie tout le plaisir qu'elle avait à le revoir; et lui demanda s'il n'éprouvait pas trop de regret d'être obligé de demeurer à Nîmes.

— Ah! répondit le duc, il me semble que je ne l'ai pas quitté; j'y reviens toujours le même. Mais à quels soucis, à quelles inquiétudes cruelles j'ai été en proie depuis le jour...

Il s'arrêta sans achever sa phrase, et ses yeux rencontrèrent ceux d'Élisabeth. Elle le comprit vaguement et se troubla encore. La comtesse ne vit rien de cette scène muette. Fière de sa beauté, sûre de son triomphe, elle interpréta en sa faveur les paroles du duc et l'en remercia par un sourire.

Le chevalier était sorti du salon de-

puis un quart d'heure. Quand il revint,
il s'approcha de sa sœur d'un air
consterné.

— Nous recevons à l'instant de
mauvaises nouvelles, dit-il tout bas, le
maréchal a rencontré Rolland et Cavalier près de Sauve. Il a été complè-
tement battu. A peine s'il a pu faire sa
retraite; il revient ici.

La causerie animée qui occupait le
cercle cessa à l'instant. On chuchottait
de tous côtés avec un air d'inquié-
tude. En ce moment M. de Basville
entra dans le salon. Il affectait un air
sérieux; mais une secrète satisfaction
perçait à travers sa feinte tristesse.

— En vérité, dit tout haut un vieux
gentilhomme, c'est une chose inouïe
qu'on ne soit pas encore venu à bout
de cette poignée de misérables, c'est
une chose encore plus inouie qu'un

maréchal de France recule devant
eux.

— Le sort des armes est changeant,
répondit l'intendant d'un ton hypocrite, sans doute ce ne sont pas les talens militaires de M. de Montrevel
que l'on doit accuser de ces revers.

— Non, répondit le vieux gentilhomme, mais on peut accuser sa confiance, sa présomption, son orgueil
insupportable. La noblesse ne veut pas
servir sous lui; et qu'est - ce qu'une
armée sans noblesse? Dans le principe,
il était affable; mais à présent, il nous
traite comme des roturiers. Tout le
monde est las de sa hauteur, je le dis
sans crainte d'être démenti.

—Le sort des armes est changeant,
répéta M. de Basville, sans paraître
avoir écouté ce discours. Mais un sourire mal déguisé effleurait ses lèvres.

On voyait que dans le fond, il éprouvait une vive satisfaction du succès qu'avaient obtenu les ennemis de la cause qu'il servait, aux dépens de son ennemi personnel.

CHAPITRE XXXII.

.... Songez qu'encor que tout vous rie,
La faveur, à la cour, à chaque instant varie,
Et qu'au fragile honneur d'un poste si glissant,
Tel s'élève aujourd'hui qui demain en descend.

PIRON.

LA soirée était avancée; M. de Basville assis devant son bureau et entouré d'une multitude de lettres et de
papiers, s'occupait à les mettre en

ordre, tout en finissant de dicter une lettre à son secrétaire.

Dans un coin de l'appartement, le père Gabriel lisait à la clarté d'une petite lampe posée sur un guéridon. Soit par hasard, soit à dessein, le rusé personnage s'était placé de manière à n'être pas aperçu au premier coup d'œil, une grande bibliothèque le cachait aux regards de l'intendant qui paraissait avoir oublié sa présence.

Tout à coup des pas précipités se firent entendre dans l'antichambre, et le maréchal de Montrevel entra sans être annoncé. L'intendant fit un geste de surprise et se leva sans rien dire. Il y eut un moment de silence.

— Vous savez tout ce qui s'est passé jeudi dernier à Sauve, dit enfin le maréchal.

— Oui, monsieur, répondit l'intendant d'un air grave, j'ai appris cette nouvelle dans tous ses détails; elle a jeté l'alarme dans tous les esprits; on ne se croit plus en sûreté, même dans Nîmes. J'ai écrit à la cour pour savoir ce qui nous reste à faire dans une circonstance aussi désespérée.

— Mort de ma vie! s'écria le maréchal, vous avez déjà écrit à la cour! Eh! qu'auriez-vous pu dire qui ne soit inexact? vous aurez répété les récits exagérés de quelque vagabond; car vous n'avez point reçu de nouvelles officielles.

— J'ai écrit, répondit lentement M. de Basville, et en ayant l'air d'appuyer sur chaque mot; j'ai écrit que trois régimens ont été mis en pièces au combat de Sauve, que nos forces militaires ne suffisent plus pour arrêter les progrès des révoltés, qu'un malheur

constant semble s'attacher à nos armes. Si vous le désirez, je vous mon-
trerai une copie de ma lettre; je ne
suis pas un dénonciateur, un de ces
hommes qui envoient la pierre et ca-
chent le bras.

Le maréchal parut faire un violent
effort pour contenir la colère qui l'a-
gitait et pour ne pas répondre à ce
sarcasme.

— Monsieur, dit-il enfin, j'ai la
conscience nette de tous ces désastres.
La cour peut apprécier ma conduite
et mes services; les faits parlent : j'ai
tout essayé pour couper le mal dans
ses racines; mais il vient de trop loin.
Ce pays-ci est gangréné; les paysans
sont animés d'un esprit de révolte et
d'indépendance qui fait tout craindre.
Ces bandes, que vous avez autorisées,
finiront, quand elles auront assez pillé

les protestans et les nouveaux con-
vertis, par vous assiéger dans Nîmes
même. Vous savez tout ce qu'on leur
reproche? des cruautés inouïes.

— Mes Cadets-de-la-Croix, interrompit M. de Basville, n'en font pas
la moitié autant que vos dragons. Je
m'étonne que vous, monsieur, qui
venez d'incendier douze villages, vous
vous révoltiez contre ce que vous appelez des cruautés....

— Vous me reprochez des incendies,
s'écria Montrevel avec emportement;
sans doute les confiscations vous plai-
sent mieux, il vous en revient toujours quelque chose; moi, du moins,
j'ai offert la preuve que je n'étais pas
guidé par un sordide intérêt : jusqu'ici, je n'ai rien obtenu, rien demandé qui récompensât convenable-
ment mes services....

— Vous oubliez, interrompit M. de Basville avec un sourire ironique, les douze mille francs votés par les États-généraux.

— Et c'est cela, répliqua le maréchal, que vous appelez une récompense convenable ! Monsieur, ajouta-t-il avec un air de colère et d'indignation, il est inutile que nous prolongions cette conversation. Les ordres du roi votre maître m'ont envoyé ici, j'y resterai selon sa volonté ; et j'y jouirai malgré mes ennemis de tous les droits et de toutes les prérogatives du pouvoir auquel sa majesté a bien voulu m'élever.

En disant ces mots, il sortit de l'appartement.

— Qui me délivrera de cet homme ? s'écria l'intendant dans un accès de colère impossible à décrire.

— Moi, dit le jésuite qui s'était
avancé doucement derrière M. de Basville, dès qu'il avait vu sortir le maréchal.

— Vous, répondit M. de Basville
en fixant sur le père Gabriel un regard plein d'étonnement et de doute.
Puis, après un moment, il s'écria avec
hauteur, comment se fait-il que vous
soyez là; et que vous ayez entendu
cette conversation? Qui vous rend
si audacieux de m'espionner ainsi?

— J'ai mes ordres, répondit le jésuite d'un ton humble et calme.

— Des ordres! Vous ne devez en
recevoir que de moi. Malgré votre robe
je saurai vous punir d'une indiscrétion. Se cacher dans mon cabinet!
Monsieur, vous n'êtes plus mon au-
mônier; dès demain vous sortirez de
l'hôtel.

Le jésuite tira, sans répondre, une lettre de sa poche, et en montra la signature à M. de Basville, qui demeura comme frappé de la foudre.

Le père La Chaise ! murmura-t-il, en regardant encore une fois la signature.

— Oui, dit le jésuite, voilà celui qui me permet à toute heure l'entrée de votre cabinet; voilà la haute protection à laquelle vous devez de n'avoir pas succombé sous le poids des dénonciations du maréchal. M. de Montrevel est allé trop loin; il a perdu la confiance de la congrégation, il touche à sa perte.

— Que Dieu soit loué ! s'écria l'intendant.

Alors le jésuite dévoila le système d'espionnage dont il s'était servi pour perdre le maréchal, il finit par protester de son entier dévouement aux intérêts de M. de Basville.

Une longue conférence suivit cet entretien, et l'on y déploya toutes les apparences d'une amitié et d'une bonne foi réciproques. Le jésuite prit enfin congé.

— Hum ! pensa l'intendant en le regardant sortir, c'est un mauvais coquin que ce caffard !

— Quel homme, murmurait de son côté le père Gabriel, il ferait le mal sans intérêt, et pour le seul plaisir de le faire. Je l'aurais laissé noyer par le maréchal s'il n'eût été le père de la comtesse.

CHAPITRE XXXIII.

> Je l'ai vue arriver au sein du monastère ;
> Quand la grille sacrée eut crié sur ses gonds ,
> Rejetant sur le monde un regard en arrière ,
> Elle entra soupirant. . . . .
>
> DENNE-BARON.

JE viens d'enfermer mademoiselle de Mauléon dans sa chambre , dit la comtesse à son frère ; c'est un démon que cette fille là ? Nous l'avons sermonée hier avec le père Gabriel, elle nous a tenu tête pendant deux héures.

— Vous aviez répondu, Louise, qu'elle abjurerait la veille de Noël.

— Il faudra bien qu'elle abjure. La crainte saura la dompter. Je me propose de lui faire faire ce matin une promenade qui pourra la rendre plus docile.

— Ne la tourmentez pas trop, dit le chevalier d'un air de compassion.

— Nous irions loin si je vous croyais, répliqua le comtesse avec un sourire ironique : allez, laissez-moi faire, je sais mieux que vous ce qu'il faut pour venir à bout d'une femme obstinée.

— Vers midi, madame de Brasci monta en voiture avec Élisabeth.

— Au couvent des dames Carmelites, dit-elle au cocher.

Élisabeth frissonna ; elle eut un moment la pensée qu'on allait l'enfer-

mer pour toute sa vie dans un monas-
tère, mais elle se rassura en songeant
qu'elle n'avait vu faire aucun prépara-
tif qui autorisât cette conjecture.

On arriva bientôt devant une église
c'était celle des Carmelites. Madame
de Brasci entra dans un étroit corridor
qui se trouvait à quelques pas de la
porte principale, et sonna à une petite porte qui s'ouvrait à côté d'un
escalier spacieux, aussitôt une religieuse parut derrière la grille qui fer-
mait le guichet.

— Je désire, dit la comtesse, voir
madame la supérieure.

— On va, madame, vous ouvrir
le parloir, répondit la religieuse,
veuillez monter l'escalier.

Le parloir des Carmelites était une
vaste salle dépouillée de tout orne-
ment, et meublée seulement de quel-

ques chaises ; des fenêtres étroites , et placées très-haut , ne laissaient pénétrer qu'un jour douteux. Les murs étaient couverts d'inscriptions propres à exciter à la pénitence et au mépris des vanités du monde. C'étaient, pour la plupart , de courtes pensées qui rappelaient la mort et les supplices réservés aux pécheurs. Le fond de l'appartement était occupé par une immense grille , derrière laquelle s'étendait un rideau noir.

Élisabeth frémit au premier coup d'œil qu'elle jeta autour d'elle , car elle eut le pressentiment qu'un jour on viendrait l'enfermer dans cette triste demeure. La comtesse s'assit, sans paraître remarquer les sensations pénibles qui agitaient sa jeune compagne. Au bout de quelques minutes , une main pâle et décharnée tira le rideau,

et la supérieure des Carmelites parut
derrière la grille ; deux religieuses
étaient à ses côtés.

— Madame , dit la comtesse , je
viens vous prier de recevoir dans votre
maison deux demoiselles , qui sont
en ce moment aux dames Ursulines,
pourra-t-on vous les amener dès demain ?

— Je suis à vos ordres , madame,
répondit la supérieure.

— Demain , dit la comtesse, les deux
jeunes personnes vous seront confiées.
Il y a de l'opiniâtreté et de la mauvaise volonté dans ces petites têtes.
Les dames Ursulines sont trop indul-
gentes pour qu'on laisse entre leurs
mains de nouvelles converties. Les
voies de la douceur ne sont pas toujours les plus sûres; en les suivant, on
s'expose à pécher par faiblesse.

— Vous pouvez , madame , vous
fier à mon zèle, dit la supérieure en
e redressant : ces demoiselles seront
soumises aux mêmes pratiques que les
novices; elles apprendront ce que c'est
que la religion en suivant notre règle
sévère.

— Veuillez, madame , recevoir d'a-
vance mes remerciemens , dit la comtesse en se levant.

— Que Dieu soit avec vous ! répondit la supérieure en s'inclinant.

Madame de Brasci regarda Élisabeth,
qui était demeurée les yeux baissés dans
un triste silence.

— Eh bien ! lui dit-elle en sortant,
ne vaut-il pas mieux être docile et
entendre raison que de se voir enfermer sous ces verroux avec la mère
Saint-Jean-de-la-Rédemption.

Élisabeth ne répondit rien, il lui

semblait qu'elle ne respirait qu'à demi sous les sombres murs du couvent, et elle éprouva un vif mouvement de joie en se retrouvant dans la rue.

Le temps est bien beau, dit la comtesse en montant en voiture, nous allons faire le tour de la ville avant de rentrer à l'hôtel.

Élisabeth mit la tête à la portière pour jouir de la vue de la campagne. La voiture marchait lentement en suivant le rempart.

Tout à coup Élisabeth fit un geste de surprise et d'horreur, et cacha sa figure dans ses mains.

Trois têtes étaient exposées au haut du rempart; autour de l'une d'elles flottait une longue chevelure d'un blond ardent.

— O ciel! s'écria Élisabeth, est-ce

pour me faire voir cela que vous m'a-
vez amenée ici.

— Quoi? les têtes de ceux qu'on a
exécutés hier, dit froidement la comtesse; j'avais oublié qu'elles devaient
être exposées là, on ne peut pas songer à tout.

— Pauvre Marie! s'écria Élisabeth
en pleurant amèrement. Madame,
au nom du ciel, éloignez-moi d'ici.

La comtesse donna l'ordre de re-
tourner à l'hôtel, et Élisabeth continua
de pleurer jusqu'au moment où elle
descendit de voiture.

Le chevalier accourut au-devant de
sa sœur.

— Grande nouvelle! cria-t-il,
grande nouvelle! un courrier arrive
à l'instant; M. de Montrevel est rap-
pelé, c'est le maréchal de Villars qui
le remplace.

— Quel bonheur! dit la comtesse avec une explosion de joie. Au fait, reprit-elle d'un ton plus calme, cela n'avance guère ni vos affaires ni les miennes. C'est M. de Basville qui doit surtout être satisfait de cette nouvelle.

— Je vous en réponds. Il est content, et vous savez que cela ne lui arrive pas souvent.

— Et le maréchal?

— Il part cette nuit, et probablement sans faire ses adieux à personne.

CHAPITRE XXXIV.

Les jours de l'honnête homme, au conseil, au combat,
Sont le vrai patrimoine et le bien de l'état.

GRESSET.

MONSIEUR de Montrevel quitta
Nîmes, et l'on reçut bientôt la nouvelle de la prochaine arrivée du maréchal de Villars. Il était temps qu'une

main habile et sûre vînt prendre le
timon des affaires et calmer l'exaspé-
ration universelle. Les protestans et
les catholiques étaient également accablés par les maux de la guerre civile.
Les campagnes demeuraient incultes
et désertes, et les villages, autrefois
habités par une population indus-
trieuse, tombaient en ruine.

Les camisards étaient retirés dans
les montagnes comme dans un fort
d'où ils faisaient de temps en temps
des sorties presque toujours fatales à
leurs ennemis. Mais ces bandes, ac-
coutumées à vivre de butin, ne trou-
vaient plus de ressource dans le pillage.
Il n'y avait plus rien à prendre dans
ce pays où le vainqueur et le vaincu
étaient également accablés par la misère et par la famine.

Un homme qui, malgré la qualité

de protestans avait jusqu'ici vécu tranquille et à l'abri de la proscription et
des confiscations, grâce à sa parenté
avec M. de Basville, résolut alors
de prendre une part active aux affaires
et de se charger du rôle difficile d'in-
termédiaire entre les deux partis : cet
homme se nommait le baron d'Eygalier.

Une fois sa résolution prise, il s'y
dévoua avec toute l'ardeur et toute la
constance d'une âme noble et géné-
reuse, d'un homme attaché à son pays,
qui a vu de grands malheurs et qui sent
qu'il pourra contribuer à les faire finir.

On sut bientôt que le baron d'Eygalier était allé attendre M. de Villars
à Avignon et qu'il arriverait à Nîmes
avec lui.

— Que fait là d'Eygalier ? s'écria
l'intendant en apprenant cette nou-

velle. Jusqu'ici j'étais parvenu à le faire rester tranquille; mais il tient à la race huguenote, son sang ne peut mentir. Faut-il que partout je trouve cette engeance maudite occupée à me nuire, partout, jusque dans ma famille.

— Ceci ne me paraît pas aussi malheureux que vous le pensez, répondit le jésuite auquel ce discours s'adressait; nous en sommes venus à un point où il faudra se battre avec la langue et non pas avec le sabre; et si l'on doit parlementer, nous pourrons envoyer aux Camisards M. d'Eygalier....

— Parlementer, s'écria Basville, parlementer avec ces misérables qui ont mis à feu et à sang toute la province! Je veux qu'il n'en reste pas un

qui puisse seulement répondre oui ou
non.

Le jésuite secoua la tête.

— Je suis bien trompé, dit-il, ou
M. le maréchal de Villars vient ici
avec des intentions plus pacifiques.
Quand on est allé trop loin, il faut
savoir reculer et ne pas attendre qu'il
ne soit plus temps. Au fait, ce n'est
qu'une volonté suspendue, elle re-
prend son cours dès que les circonstances redeviennent favorables.

Le duc de Villars arriva enfin. Une
réception pompeuse lui avait été pré-
parée, et madame de Brasci ne laissa
pas échapper cette occasion de donner quelques unes de ces fêtes bril-
lantes dont elle faisait si bien les hon-
neurs.

Cependant, au milieu de tant de
plaisirs, M. de Villars n'oubliait point

les affaires : plusieurs conférences eurent lieu entre lui et l'intendant ; le baron d'Eygalier y était toujours admis. Le maréchal lui donnait sans cesse des preuves de considération et d'estime ; un jour enfin, il quitta Nîmes et tout le monde ignora le motif et le but de son voyage.

Au bout de quelques jours, une nouvelle presque incroyable circula dans la ville. On disait que Cavalier devait venir à Nîmes même pour conférer avec le maréchal de Villars, et probablement conclure une paix que les deux partis désiraient.

— Albert, dit la comtesse, quelles absurdités vient-on de me conter ? Le maréchal de Villars et Cavalier en pour-parler.

— On ne vous a pas trompée ; Cavalier va se rendre ici. Les ôtages qui doivent répondre de sa sûreté sont déjà partis.

— Est-il possible? et quel est le lieu désigné pour recevoir ce noble parlementaire?

— Le jardin de l'hôtel; vous sentez que tout ne peut pas se passer dans les formes ordinaires.

— Mais, qui a pu décider Cavalier à venir jusqu'ici?

— Le baron d'Eygalier. En partant l'autre jour, il promit de le ramener, et il a tenu parole. C'était là le but de ce voyage dont on a fait un mystère.

— Je comprends. Allons, je suis enchantée que le cher cousin ait du talent pour les négociations : il avance en affaires, je lui confierai les vôtres....

— Et les vôtres aussi, interrompit

le chevalier; car je crois qu'elles ne
vont pas plus vite que les miennes;
le duc est aussi froid qu'un verre
d'eau à la glace.

— Qui vous a dit cela? s'écria la
comtesse.

— Qui me l'a dit? tout. Allez, je
m'y connais.

Madame de Brasci rougit vivement.
Elle sentit de la jalousie et de l'amour
dans ce cœur que l'ambition seule
avait occupé jusqu'ici; mais cet amour
n'était pas tel qu'on le sent commu-
nément, il était ardent, soupçonneux
et cruel comme celle qui l'éprouvait.

— Allons, dit le chevalier en prenant sa sœur par le bras, entendez-
vous ce tumulte? Voilà Cavalier, Venez vous mettre aux fenêtres si vous
voulez le voir.

Élisabeth s'avança d'un pas timide,

et se plaça derrière la comtesse qui
eut bonne envie de la faire retirer;
mais son frère l'en empêcha.

La garde du maréchal de Villars
était sous les armes dans la vaste cour
qui précédait l'hôtel. La foule impa-
tiente et curieuse se pressait aux environs. Bientôt une rumeur prolon-
gée annonça l'arrivée du chef Camisard, et il parut entouré de sa garde.
Le baron d'Eygalier marchait à son
côté.

Les soldats Camisards se rangèrent
en face de la garde du maréchal, et
Cavalier s'avança suivi seulement du
baron. Son large manteau brun l'en-
veloppait de la tête aux pieds, et sur
son chapeau relevé de côté par une
gance d'or flottaient deux longues
plumes noires. Il traversa le vestibule
pour se rendre dans le jardin.

— Allons de l'autre côté, dit la comtesse, je veux le voir pendant la conférence.

Élisabeth demeura un moment en arrière, les yeux fixés sur la foule qui se pressait à la porte de l'hôtel; un homme qui était au milieu du groupe se montra alors à découvert.

— O ciel! je ne me trompe pas, pensa Élisabeth, c'est Lhomond; mais comment parvenir à lui parler?

Mademoiselle, dit Pionne en la prenant respectueusement par le bras, madame la comtesse vous attend de l'autre côté.

Élisabeth ne répondit pas et alla se joindre au groupe qui était en observation aux fenêtres.

M. de Villars et l'intendant se promenaient dans le jardin, lorsque Cavalier y arriva. Il s'avança vers eux et les aborda avec un air que l'on n'attendait pas d'un homme d'une naissance et d'une éducation si communes. Ce fut le baron d'Eygalier qui parla le premier. Bientôt, la conversation devint fort animée; mais madame de Brasci ne pouvait l'entendre, et l'air calme et dégagé du maréchal, la sombre impassibilité de M. de Basville ne lui apprenaient rien. Pendant environ deux heures que dura la conférence, elle quitta et reprit plusieurs fois sa place à la fenêtre; les yeux du jésuite aussi présent à cette scène, la suivaient partout. Madame de Brasci comprit la passion qu'elle inspirait et qu'elle soupçonnait depuis long-temps. La colère, le dédain, une sorte de crainte s'emparèrent d'elle à cette découverte. Lasse de se contraindre, elle quitta brusquement le salon.

La conférence finissait en ce moment; le maréchal reconduisit Cavalier jusqu'à la porte et lui tendit la
main en s'en séparant.

CHAPITRE XXXV.

L'ame d'un vrai héros, tranquille, courageuse,
Sait comme il faut souffrir d'une vie orageuse
Le flux et le reflux.

J. B. ROUSSEAU

CAVALIER sortit de l'hôtel de l'intendance, entouré de sa garde et des officiers Camisards qui l'avaient suivi à
Nîmes. Le peuple se pressait en foule

autour de lui ; mais il paraissait indif-
férent aux témoignages d'une si vive
curiosité ; une préoccupation pro-
fonde l'absorbait, et pendant toute la
route, il ne dit mot à personne ; pas
même à celui de ses lieutenans qui
possédait le plus sa confiance.

Toute la troupe s'arrêta pour coucher à un petit village qui se trouve
sur la route de Calvisson (1). Cavalier
monta seul dans la chambre qui lui
était destinée et s'occupa à mettre en
ordre les nombreux papiers que con-
tenait son portefeuille. Il n'avait pas
encore fini lorsque deux de ses officiers, Daniel Gui et Catinat entrèrent
dans la chambre ; tous deux s'assirent
sans entamer d'abord la conversation
et il y eut un moment de silence pen-

(1) Petite ville à trois lieues de Nîmes.

dant lequel Cavalier continua d'arranger ses papiers.

— Frère, dit enfin Catinat, il faut que l'honneur d'approcher d'un maréchal de France soit un des grands moyens de tentation du démon de l'orgueil; car il vous a rendu depuis ce matin bien différent de vous-même.

Les yeux de Cavalier s'animèrent à ce hardi reproche.

— Je ne vous dois aucun compte de mon silence, dit-il, ni des motifs qui m'empêcheront de le rompre avant d'avoir rejoint le frère Rolland.

— Les intérêts que vous venez de traiter sont les nôtres aussi, reprit Catinat, et sans les compromettre, vous auriez pu nous instruire de ce qui nous touche de si près.

— Demain il en sera temps, répondit Cavalier; maintenant, laissez moi, j'ai besoin de repos après une pareille journée.

Catinat se leva et s'avança vers la porte, Daniel Gui demeura devant Cavalier, et le regarda un moment avec une expression de défiance et de menace.

— Ecoutez, dit-il en posant sa large main sur l'épaule du chef Camisard, il est vrai que nous vous avions donné plein pouvoir pour traiter, nous y étions forcés; mais si vous nous avez vendus, cela pourra vous coûter cher.

Cavalier, sans répondre, haussa les épaules d'un air de dédaigneuse indifférence; Daniel et Catinat sortirent sans rien ajouter.

Un moment après, Castanet entra : c'était celui de ses lieutenans auquel Cavalier avait le plus de confiance.

—Que dit-on là-bas? lui demanda-t-il.

— Ils sont mécontens, votre silence
est mal interprété.

— Je ne puis parler devant ces bou-
te-feu, s'écria Cavalier, en arrivant
à Calvisson mes paroles seraient répé-
tées et enveniméés. J'ai besoin de tout
dire moi-même, je crains les cris de
Rolland et des prédicans.

— Qu'allez-vous leur annoncer?

— Mon parti était pris en allant à
Nîmes; il fallait en finir, tout est
terminé.

— Et vos demandes?

— Il était absurde de penser qu'on
les accueillerait toutes.

— La liberté de conscience?

— Oui, mais point de temples.

— Et l'édit?

Cavalier secoua la tête.

— Ni en tout, ni en partie, dit-il,
il n'y faut pas songer.

— Nous aurons demain une mauvaise journée, dit Castanet.

Le lendemain au point du jour, la petite troupe se mit en marche. Il régnait sur tous les visages un air de froideur et de contrainte qui n'échappa point à Cavalier. Un ancien reste d'attachement et de respect se réveilla pourtant quand il commença la prière que l'on récitait tous les matins en commun, et malgré les insinuations de Daniel et de Catinat, les soldats semblèrent disposés à accorder encore quelque confiance à celui qui avait été leur chef pendant si long-temps.

Cependant on approchait de Calvisson où s'étaient réunies toutes les forces des révoltés pendant l'espèce de trève qu'on venait de leur accorder; des sentinelles que Rolland avait

postées à dessein coururent aussitôt
avertir ce chef de l'arrivée de Cavalier. Les Camisards se portèrent en
foule sur la place publique, et un
rassemblement se forma devant l'é-
glise dont on avait fermé les portes
depuis que les protestans étaient dans
le bourg.

Cavalier s'avançait entouré de sa
garde. Quand il fut arrivé sur la place
publique, il mit pied à terre et tendit la main à Rolland, qui le reçut,
non sans quelque apparence de froideur. Daniel et Catinat s'avancèrent
vers ce chef et se rangèrent derrière
lui, de sorte qu'il y eut dès ce moment dans l'assemblée deux troupes
bien distinctes : d'un côté, Cavalier
entouré d'une trentaine d'hommes
commandés par Castanet; de l'autre
côté, Rolland, les prédicans, les offi-

ciers et un grand nombre de soldats Camisards.

— Frère, dit Rolland, quel a été le succès de votre ambassade ?

Soit que Cavalier fût interdit des dispositions malveillantes qui l'accueillaient, soit qu'il cherchât des mots qui pussent adoucir ce qu'il allait dire, il demeura un instant sans répondre.

— Il faut parler, s'écria Rolland d'un air d'impatience et de menace, il faut parler sans renvoi et sans déguisement.

— Mes frères, dit Cavalier, j'ai agi pour le mieux dans notre intérêt commun, et d'après les pouvoirs que vous m'aviez confiés. Pleine amnistie est accordée à ceux qui quitteront les armes et ils pourront en toute sûreté aller rejoindre leurs familles ; les autres, s'ils veulent rester soldats, auront du service

dans les armées du roi et on leur pré-
pare des habits pour aller faire la
guerre en Portugal.

Un long murmure parcourut l'assemblée. Rolland les yeux enflammés
de colère, se précipita vers Cavalier.

— Et c'est là, dit-il, tout le résul-
tat de votre négociation? Eh bien!
vous pouvez le garder pour vous
seul. Vous êtes un lâche et un traître.

— Personne ne m'a traité ainsi
sans éprouver à l'instant le contraire,
s'écria Cavalier en tirant ses pistolets,
défendez-vous, Rolland, nous nous
battrons comme des gentilshommes
et toute l'armée servira de témoin.

On se jeta entr'eux, et on parvint
à les séparer. Une confusion extrême
régnait dans l'assemblée.

— David Cavalier a pu traiter pour

lui, s'écriait Rolland; il a pu faire sa
paix comme il a voulu. C'est dans un
autre but que nous l'avions envoyé à
Nîmes, et nous ne mettrons point les
armes bas qu'on ne nous ait accordé
le rétablissement de l'édit.

— Le rétablissement de l'édit, ré-
pétaient en chœur les prédicans. C'est
à cette fin que tant de saints martyrs
ont répandu leur sang.

Alors, Rolland fit battre la générale.

— Frère, dit-il, nous allons re-
tourner dans les montagnes, et continuer la guerre.

— Oui, oui, cria-t-on de toutes
parts, point de paix, point de trève
que nous n'ayons nos temples.

— Cavalier, qui depuis quelques
instans s'entretenait avec Castanet
d'une manière fort animée, se précipita tout à coup au milieu des rangs.

Mes frères, s'écria-t-il, ce qu'on vous fait espérer est impossible ! nous ne l'avons que trop éprouvé depuis que dure cette guerre, elle n'a fait déjà que trop de victimes. Croyez encore une fois le chef auquel vous aviez confiance, acceptez la paix qu'il a acceptée pour lui-même.

Traître, interrompit Rolland, retourne à Nîmes, ne nous importune plus de tes lâches discours...

— Nous allons voir lequel de nous deux est le plus brave, s'écria Cavalier en tirant son sabre.

Salomon Codebec les sépara encore une fois.

— Va-t-en, dit-il, va-t-en, David Cavalier, tu n'es pas en sûreté ici, ta vie ne tient qu'à un fil, déjà vingt fusils t'ont couché en joue, ne nous mets point trop en tentation.

— Vous le voulez, s'écria Cavalier, eh bien! adieu! mais défendez-vous, bientôt les dragons seront sur vous.

Castanet et cette compagnie qu'on nommait les gardes-du-corps de Cavalier restèrent de son côté; la petite armée dont Rolland demeurait le seul général s'ébranla et se mit en marche.

Alors Cavalier monta à cheval et s'avançant à la tête de la colonne :

— Qui m'aime, me suive! cria-t-il.

Un mouvement spontané fit arrêter tous les soldats qui, malgré leur mécontentement n'abandonnaient pas sans regret ce chef jusque là adoré par eux.

— Vive l'épée de l'éternel! s'écria Salomon Codebec, le Dieu des armées combat avec nous!

— Vive l'épée de l'éternel! s'écrièrent une foule de voix.

Les prédicans entonnèrent un psaume et les soldats reprirent leur marche.

Cavalier retourna à Nîmes; en arrivant, il alla chez le maréchal de Villars, et lui rendit un compte exact de ses efforts pour faire accepter la paix, et du peu de succès de ses négociations.

— C'est bien, M. Cavalier, dit le maréchal de Villars, vous avez fait tout ce qui a dépendu de vous. Sa majesté reconnaît que vous êtes un bon et loyal sujet; voici la preuve qu'elle oublie entièrement le passé.

En disant ces mots, le maréchal présenta à Cavalier un brevet de colonel.

— Monseigneur, dit le chef Camisard d'un air de fierté concentrée, monseigneur, je sens tout le prix des

faveurs du roi; mais je ne puis les accepter. Je vous demande en échange
de la glorieuse marque de bonté que
vous venez de m'offrir un passe-port
pour Genève; je désire y aller avec
ceux de mes soldats qui me sont res-
tés fidèles.

— Soit, dit le maréchal, vous êtes
trop bon sujet pour qu'on vous refuse
cela. Mais souvenez - vous que vous
avez fait votre paix avec sa majesté, et
que vous ne devez pas plus lui faire
la guerre avec la langue et avec la
plume qu'avec l'épée.

Cavalier s'inclina et prit congé, en
assurant le maréchal de sa fidélité à
garder la paix qu'il avait jurée.

— En vérité, dit le maréchal en
le regardant sortir, ce drôle-là a toute
la fierté d'une puissance. Enfin, le

voilà parti; c'est toujours un de moins.
Peu à peu, et de manière ou d'autre,
nous finirons par les avoir tous.

CHAPITRE XXXVI.

A qui sait bien aimer, il n'est rien d'impossible.

Thomas CORNEILLE.

TANDIS que le maréchal de Villars employait toutes les ressources de son génie et de son expérience pour pacifier le Languedoc, et effacer les

traces des événemens dont ce malheureux pays avait été le théâtre,
M. de Basville se vengeait sur ceux
qui étaient sous sa propre responsa-
bilité, du système de modération
qu'on lui imposait.

Élisabeth voyait approcher avec
terreur le jour fixé pour son abjura-
tion, elle frémissait à l'idée des per-
sécutions dont on l'avait menacée.
Plus d'une fois, elle eut la pensée de
se placer sous la haute protection du
maréchal; mais elle était si bien ob-
servée que l'occasion de tenter une
démarche aussi décisive lui manqua
toujours. Tout paraissait tranquille à
l'hôtel de l'intendance, et cependant
les passions les plus violentes fermen-
taient sous ce calme trompeur.

Un jour, madame de Brasci descendit avec Élisabeth dans le jardin de

l'hôtel, elles se promenèrent pendant quelques instans sur la terrasse; ensuite, la comtesse s'assit et Élisabeth demeura seule dans le parterre.

— Pionne, dit madame de Brasci à sa vieille nourrice, aie soin de mademoiselle de Mauléon, tu peux la laisser baguenauder dans le jardin tant qu'elle voudra, c'est autant de débarrassé pour moi; mais ne laisse avancer personne, pas même mon frère, il est si faible quand il lui a parlé seul qu'il ne veut plus nous seconder. Fais bien attention, nourrice, si elle sort du jardin, suis-là, et aie l'œil sur elle jusqu'à ce que tu l'aies enfermée dans sa chambre.

La comtesse s'éloigna en disant ces mots, et Pionne resta immobile à sa consigne.

Après s'être promenée quelques mo-

mens dans le parterre, Élisabeth s'a-
vança vers le bout du jardin. Il y
avait en cet endroit une espèce de
labyrinthe formé par des haies de
bois taillées avec soin ; l'hiver avait res-
pecté leur sombre verdure et elles
formaient comme un mur impéné-
trable aux regards des personnes qui
étaient dans le jardin.

Élisabeth marchait lentement, et
s'égarait dans les sinuosités du labyrinthe avec l'intention d'aller s'asseoir
dans le bosquet de cyprès où le duc
de Beauvilliers l'avait surprise le jour
où elle le vit pour la première fois.

Ce souvenir se retraçait à sa pensée, quand elle entendit marcher derrière elle ; elle se tourna, c'était le
duc.

Une vive surprise se peignit sur le
visage d'Élisabeth et elle s'arrêta.

— Mademoiselle, dit le duc, combien je rends grâces au hasard qui me fournit l'occasion de vous entretenir sans témoin, je n'osais l'espérer, j'en avais besoin cependant, j'ai tant à vous dire.

Élisabeth tremblait.

— Que craignez-vous? continua le duc en jetant un coup d'œil autour de lui, nous sommes seuls, personne ne m'a vu entrer, j'étais ici bien avant vous. Ah! laissez-moi profiter de ces courts et uniques momens. Votre position est terrible, comment puis-je vous aider à en sortir? que puis-je faire pour vous?

— Monsieur le duc, répondit Élisabeth d'une voix émue, je suis sensible à tant de bontés, ce serait mal y répondre que de vous compromettre en vous faisant tenter presque l'impossible. Helas! rien ne peut me sauver.

— Qui peut donc vous inspirer un tel découragement, s'écria le duc, on peut tout quand on le veut bien. Que ne tenterais-je pas pour vous rendre la liberté? Je saurais vous emmener d'ici; mais à quelles mains vous confier jusqu'à ce que...?

Les yeux d'Élisabeth brillèrent d'un espoir et d'une confiance soudaine.

— Monsieur le duc, dit-elle, oui, peut-être, aidée de vous, il me reste un moyen de salut. Ici, à Nîmes même, il y a quelqu'un sur lequel je puis compter; c'est la personne à laquelle mon grand-père me confia en mourant, un bon, un vieux serviteur de notre famille.

— Où le trouver?

— Je connais sa retraite, elle est sûre, il ne peut pas en avoir changé. S'il était prévenu, si je pouvais sortir d'ici, je serais sauvée.

Vous le serez, s'écria le duc, où est cet homme?

— Chez sa sœur sans doute; il y était venu plusieurs fois pendant que nous étions cachés au bois de la Combe. Cette sœur est catholique, mais dévouée à ma famille; elle demeure à côté du couvent des Carmelites et se nomme Ursule Leblanc.

— J'irai ce soir; mais dans une circonstance pareille, osera-t-on se fier à un inconnu? Comment pénétrer jusqu'à celui vers lequel vous m'envoyez?

Elisabeth demeura un moment pén-
sive.

— Tenez, dit-elle enfin en tirant
une petite miniature de son sein,
voilà un gage de ma confiance qu'il
ne pourra méconnaître, c'est le portrait de ma mère; il ne m'avait jamais
quittée, Lhomond l'a vu bien des
fois.

Le duc prit le portrait d'une main
tremblante.

— Eh bien ! dit-il, ce soir j'irai prévenir celui qui doit accompagner et
protéger votre fuite. J'ai une clef de
cette porte, ajouta-t-il, en désignant
le bout du jardin; demain, je vous la
remettrai, vous profiterez du premier moment favorable. L'essentiel est
d'avoir une retraite sûre pour y passer
les premiers jours.

—Il est impossible qu'on soupçonne que je suis chez Ursule.

—Ensuite, quand les premières recherches seront finies, il ne sera pas impossible de vous faire sortir du royaume : avec beaucoup d'or, on peut tout.

— J'irai en Angleterre, ce fut la dernière volonté de mon grand-père; lui-même croyait pouvoir s'y réfugier un jour : il y avait fait passer toute sa fortune.

— Elisabeth, dit le duc, oui, vous serez sauvée; vous irez en Angleterre, vous y vivrez heureuse......

— Ah! je regretterai toujours la France, je me regarderai comme une exilée......

— Mais, si vous trouviez quelqu'un qui voulût partager votre exil, quelqu'un qui vous parlât tous les jours

de la France. Elisabeth, si vous me
disiez un seul mot, moi aussi j'adop-
terais cette patrie que vous allez chercher.

— Qui, vous, monsieur le duc,
qui placé dans le plus haut rang, pouvez jouir en France de tous les avan-
tages de votre position ?...

— Ce haut rang ne sauve pas
des caprices d'un maître ; les plus
grands ne sont que les premiers valets.
Élisabeth, nul lien d'affection ne m'at-
tache à la France, les liens d'ambition,
j'y renonce. J'attends de vous un mot,
un seul mot. Consentirez-vous à me
laisser partager votre exil , tout votre
sort enfin ?...

Élisabeth , troublée au-delà de toute
expression, ne répondit que par un
signe. Le duc le comprit , car il osa

prendre la main qu'on lui abandon-
nait, et la presser dans les siennes.

— J'ai votre promesse, dit-il.

— Oui, répondit Élisabeth.

Le duc pressa de ses lèvres la main
qu'il tenait encore.

— O ciel! dit Élisabeth en pâlissant,
il m'a semblé entendre marcher près
de nous, séparons-nous, adieu.

— Adieu, répéta le duc, demain je
trouverai moyen de vous remettre la
clef et un billet qui vous instruira de
tout.

— Adieu, dit encore Élisabeth, et
elle s'enfuit.

Le duc la vit sortir du jardin, suivie
de Pionne, et quelques momens après
il regagna aussi l'hôtel, le cœur rem-
pli d'émotion et de douces espérances.

Alors une autre personne sortit aussi
des détours du labyrinthe; c'était la com-

tesse de Brasci. Poussée par un vague soupçon, elle était venue sur les pas d'Élisabeth ; cachée derrière une charmille, elle n'avait rien entendu, mais elle avait tout vu.

CHAPITRE XXXVII.

Est ce donc pour s'aimer qu'on s'épouse à present?
Cela fut du bon temps , du monde adolescent
On en voit tous les jours qui ne font pas un crime
D'épouser sans amour et même sans estime.

RECNARD.

A peine rentrée dans son appartement, madame de Brasci fit appeler
son frère.

— O ciel! qu'avez-vous? s'écria-t-il
en la voyant.

— Rien, répondit-elle; mais la pâleur et l'altération de son visage démentaient ses paroles.

— Rien, répéta le chevalier; rien, c'est un peu fort : ce n'est pas à moi que l'on en fait accroire ainsi.

— Que vous importe? s'écria la comtesse avec emportement. Ecoutez, reprit-elle d'un ton plus doux; je vous ai fait venir pour vous donner un bon avis. Si vous n'y prenez garde, on vous enlèvera l'objet de votre belle passion.....

— Qui l'oserait ? interrompit le chevalier avec agitation.

— Qui? celui qui ose en obtenir des rendez-vous et quelques autres petites faveurs qui prouvent qu'on n'est pas amant malheureux.

— C'est impossible !

— Je l'ai vu.....

— Et quel est celui?.....

— Je ne veux pas le dire.

— J'en deviendrai fou ! s'écria le chevalier en se promenant à grands pas et en se donnant des coups de ses poings fermés sur le front.

— Il y a du remède à tout cela , dit la comtesse avec beaucoup de sang-froid.

— Ah ! poursuivit le chevalier en marchant toujours, voilà la cause de ses refus, de son obstination !...

— Il y a du remède, répéta la comtesse.

— Lequel ?

Ecoutez, Albert, dit la comtesse en faisant asseoir son frère ; oui , si vous le voulez, il y a du remède....

—Vous allez me faire encore quelque infernale proposition. Eh bien ! j'y consens, je veux tout....

— Je vous connais, vous êtes scrupuleux; vous allez me parler d'Elisabeth, d'honneur.....

—Louise, dit le chevalier en repoussant la main de sa sœur, je vous avertis que je ne veux pas la tuer....

Qui vous parle de cela? répondit la comtesse, je ne vous ai jamais conseillé de tuer personne....

— Eh bien ! que faut-il faire ?

— Il faut épouser Elisabeth demain matin.

— Par force ; haï , détesté par elle....

— Qu'importe ! vous aurez ensuite de bons procédés, tout s'arrangera.

— Pourquoi demain ? ne pourrait-on pas attendre encore un peu pour la préparer ?...

— Le maréchal est à Usès, mais il retourne ici demain soir. Pourrions-

nous agir comme nous le voudrions,
presque sous ses yeux?

— Mais comment tout arranger en
si peu de temps?

— Je m'en charge ; en deux heures,
tout sera prêt. Je vais aller chez mon
père ; je connais sa façon de penser, il
donnera les mains à tout.

— Le prêtre? les témoins?

— Le père Gabriel, Bossard et son
cousin. Ils sont gens à ne s'effrayer de
rien. Le mariage se fera ici, dans la
chapelle de l'hôtel.

— Mais, Elisabeth?...

— Elle aura beau résister ; une fois
entrée dans la chapelle, je vous réponds
qu'elle en sortira votre femme.

— Si j'essayais de lui parler, pour
la prévenir ?....

— Non, non, Albert, vous n'en
auriez que de mauvaises paroles ; je

me charge de tout : vous ne paraîtrez qu'au moment où il faudra vous marier. Il est même inutile que vous passiez ici le reste de la journée ; montez à cheval et allez voir le commandeur de Belsans, vous retournerez ce soir.

— Oui, j'aime mieux partir, je ne reviendrai qu'au moment.

— Non, non : il faut que vous soyez ici encore ce soir, car on vous mariera demain matin à sept heures.

— On me mariera! Louise, cela me semble impossible.

— Cela dépend de vous pourtant. C'est vous surtout que je crains. Vous êtes capable de vous laisser effrayer par ses cris. Au reste, cela vous regarde, si vous manquez cette occasion, si demain Elisabeth ne devient pas votre femme, je ne réponds pas qu'un autre ne l'épouse à votre barbe, dans peu de jours.

— Demain matin à sept heures, dit le chevalier en serrant la main de sa sœur et en s'enfuyant.

— Je vous reverrai encore d'ici là, lui cria la comtesse.

Il était déjà loin, et madame de Brasci passa chez son père pour lui faire approuver son projet et en préparer l'exécution.

Il était tard lorsque la comtesse sortit du cabinet de monsieur de Basville. Grâces à l'empire qu'elle avait sur elle-même, elle réussit à prendre un visage tranquille pour paraître au cercle du soir. Le duc arriva des derniers; un air de triomphe et de bonheur embellissait encore son noble visage. Elisabeth plus calme semblait occupée d'un sentiment de bonheur profond et réfléchi. Madame de Brasci jeta un coup d'œil sur les deux amans, puis elle reporta machinalement ses regards sur la pendule pour voir combien d'heures encore durerait ce bonheur dont le spectacle la tuait.

Onze heures sonnaient lorsque la comtesse rentra dans son appartement où Elisabeth la suivit.

— Mademoiselle, lui dit-elle, j'ai voulu avant de vous quitter ce soir, vous prévenir d'une chose : on vous mariera demain matin au chevalier de Basville.

— C'est impossible, je ne le veux pas, s'écria Elisabeth en pâlissant.

— Que vous le vouliez ou non, cela sera ; toute résistance est inutile.

— On ne me mariera pas malgré moi, interrompit Elisabeth, tout ce qui m'entoure n'aura pas un cœur de fer,

je saurai échapper à cette horrible ty-
rannie! en disant ces mots elle s'enfuit vers la porte.

— Qu'allez-vous faire? dit la comtesse en la retenant.

— Implorer les secours des domes-
tiques, du premier venu....

Elle se débattait pour sortir : madame de Brasci la prit par les épaules,
et la poussant dans un cabinet qui était
à côté de sa chambre, elle l'enferma à
double tour.

— Elle y passera la nuit, dit-elle,
et pourra pleurer tout à son aise, personne ne l'entendra.

— Mais, où dormira-t-elle? demanda Pionne.

— Sur un fauteuil. Elle n'en mour-
ra pas pour une nuit passée hors de
son lit.

Le jésuite entra.

— Tout est prêt, dit-il, mademoiselle de Mauléon est-elle prévenue?

— Oui, mon père, répondit la
comtesse.

— Se soumet-elle de bonne grâce?

— Non, mais vous savez qu'il faut
absolument que cette affaire se finisse
avant le retour du maréchal.

— Monsieur votre frère doit être
satisfait du zèle que vous mettez à servir ses intérêts.

— Je ne fais que mon devoir; j'ai
dû tout tenter pour assurer à mon
frère un si riche mariage.

— Dans quelques heures, dit le jésuite, vous serez venue à bout de
votre dessein.

— J'aurai de la peine demain
matin pour la faire entrer dans la
chapelle.

— Nous en viendrons à bout; elle

est maintenant enfermée dans sa chambre?

— Non, mon père, elle est là, dans ma bibliothèque, elle y passera la nuit; j'ai craint son emportement et ses cris : de sa chambre elle aurait pu éveiller tous les gens de l'hôtel.

Le père Gabriel ne dit plus rien sur ce sujet, et il se mit à causer de choses indifférentes.

De temps en temps la comtesse paraissait prêter une oreille inquiète et attentive au bruit qui se passait dans l'hôtel; le jésuite avait alors l'art de la tirer de sa distraction, en lui prodiguant les expressions d'une flatterie adroite et ménagée. Au doux bruit des éloges, les beaux yeux de la comtesse s'animaient, et laissaient tomber quelques regards bienveillans sur celui qu'ils avaient charmé. Cependant le langage du jésuite devenait plus clair et plus pressant; dévoré de passion, enhardi par la circonstance, le père Gabriel osait, malgré la présence de Pionne, montrer cet amour qu'il cachait depuis long-temps.

Madame de Brasci, froide, silencieuse et irritée, feignait de ne rien comprendre, et ne répondait que par monosyllabes.

— Je ne suis pas tranquille, s'écriat-elle tout à coup, en se levant et en allant vers la porte; mon frère est un fou sur lequel on ne peut pas compter. Qui sait? peut-être il ne reviendra pas. Il était pourtant bien décidé.

— Assurément on ne peut pas le marier sans qu'il y soit, dit le jésuite; je vais voir s'il ne serait pas rentré sans que nous l'eussions entendu.

— Oui, allez s'il vous plaît, mon

père, dit la comtesse d'un air d'impatience mal déguisé.

Le jésuite sortit de la chambre, mais il s'arrêta aussitôt, et demeura l'oreille collée contre la porte.

La comtesse s'approcha de la cheminée, et appuya son front sur le marbre.

— Louise, dit la vieille nourrice en s'approchant doucement, que de tourmens vous vous donnez! Il est juste de vouloir le bonheur des siens, mais s'en occuper au point d'être malade.

— Pionne, interrompit la comtesse, j'ai un grand intérêt à tout cela.

— Quel si grand intérêt peut vous causer des agitations qui altèrent votre santé...

— Quel intérêt! répéta la comtesse d'un ton concentré. Écoute, tu vas le

comprendre : j'aime le duc de Beauvilliers.

— Le duc de Beauvilliers ! s'écria
Pionne.

— Oui, reprit la comtesse, c'est le
plus grand parti de France. Je croyais
être aimée de lui; mais j'ai découvert
aujourd'hui qu'Élisabeth avait plus obtenu que moi. Tout n'est pas perdu
cependant, si demain elle épouse mon
frère. Le duc, irrité, me reviendra,
il me reviendra, j'en suis sûre.

En disant ces mots, la comtesse
arrêtait ses regards sur la glace qui
réfléchissait ses traits d'une si rare
beauté.

— Oui, continua-t-elle, il me reviendra, son intérêt même s'y trouve.
On l'accuse de dénaturer sa fortune,
et de vouloir quitter le royaume; un
ordre est arrivé ce soir, sa liberté

peut être compromise ; il se justifierait
en m'épousant.

— Ah ! dit Pionne, puissions-nous
arriver à une telle fin ! Mais bien des
gens pourront vous arrêter et vous
nuire : le père Gabriel...

— Ah ! Pionne, que je le crains !
que je le hais !

— Il fixe sur vous des regards qui
m'effrayent.

— L'infâme ! il a l'audace de se li-
vrer à des désirs, à des espérances.
Ah ! si j'osais ! Mais, cet homme est
si puissant, il faut le ménager.

— Malédiction ! vengeance ! murmura le jésuite, qui, toujours appuyé
contre la porte, essuyait d'une main
tremblante la sueur qui couvrait son
front.

En ce moment on frappa un léger
coup à la porte de l'hôtel. Le jésuite

quitta doucement la place où il venait de faire une découverte si fatale à sa passion, et alla au-devant du chevalier.

— Vous voilà enfin, dit-il, nous étions impatiens de vous voir revenir. Il faut que vous soyez prêt demain matin à six heures et demie.

— Je le serai, dit le chevalier d'une voix altérée, dût-elle me le reprocher tous les jours de ma vie, je l'épouse.

— Madame de Brasci craignait un moment de faiblesse, je vais la rassurer.

— Oui, allez chez ma sœur, je veux rester seul, mon père.

— Tâchez d'être plus calme, vous avez toute la nuit pour vous reposer. Dormez tranquille, ne bougez plus, je me charge de vous éveiller demain matin à six heures.

— Bonne nuit, mon père, dit le

chevalier en fermant la porte de sa chambre.

Le jésuite redescendit chez la comtesse. Son visage était calme, et ne conservait d'autre trace d'émotion qu'une extrême pâleur.

— Madame, dit-il, le chevalier est rentré; tout est prévu, tout est prêt. Demain matin, vous n'aurez qu'à nous amener Mademoiselle de Mauléon.

— Et les témoins?

— Ils sont prévenus; je vous laisse, madame, vous devez avoir besoin de repos.

— Bonsoir, mon père, dit la comtesse avec un sourire qui exprimait un remercîment.

Le jésuite s'inclina et sortit.

— Mille pardons, madame, dit-il en revenant sur ses pas, je voudrais avoir le recueil manuscrit des sermons du curé de Saint-Florent ; je trouverais là quelques idées pour mon sermon d'après-demain, auquel je n'ai pas encore songé.

— Ce que vous me demandez est là dedans, sur une table, dit la comtesse en désignant le cabinet où elle avait enfermé Elisabeth,

— Je vais le chercher, dit le jésuite en prenant une bougie sur la cheminée.

Il ouvrit la porte ; Élisabeth était assise, la tête cachée dans ses mains.

— Ne vous endormez pas cette nuit, lui dit tout bas le père Gabriel, et quand vous entendrez frapper à la fenêtre, ouvrez le plus doucement possible. Il manque un cahier, continua-t-il tout haut. M'avez-vous entendu ? reprit-il plus bas, le duc peut

vous sauver? Ferez-vous ce que je vous
dis?

Elisabeth fit un geste affirmatif.

— Voilà tout ce qu'il me faut, dit
le jésuite à haute voix en refermant
le cabinet dont il remit la clef à la
comtesse.

CHAPITRE XXXVIII.

A quelque extrémité qu'on se soit exposé,
Qui parvient au succès n'a jamais trop osé.

GRESSET.

IL était une heure après minuit : le jésuite sortit de sa chambre à pas de loup
et écouta un moment pour s'assurer si
tout était tranquille dans l'hôtel. Il

n'entendit que le balancement régulier
de l'horloge de l'escalier. Alors tenant
d'une main sa bougie et de l'autre
une petite clef, il descendit l'escalier
dérobé qui conduisait au jardin de
l'hôtel. Avant d'arriver au bas, était
une grande armoire pratiquée dans
l'épaisseur du mur.

— Ah! mille enfers! s'écria le jésuite
en se frappant la tête, la clef n'est pas
contre la porte !..

Il demeura un moment incertain
du parti qu'il prendrait. Puis, un
mouvement machinal lui fit mettre
dans la serrure la clef qu'il tenait à la
main.

— Elle ouvre, elle ouvre! murmura le jésuite en frémissant d'impatience et de joie.

Une fois l'armoire ouverte, on ne
voyait d'abord qu'une espèce de grand

rideau vert, ce rideau cachait une
porte secrète que le jésuite ouvrit avec
la même clef qui avait ouvert l'armoire. Il s'avança doucement et se
trouva dans un cabinet obscur qui
précédait une chambre où il y avait
de la lumière. Le père Gabriel écouta
encore : un silence profond le rassura.
Il se recueillit un moment, puis il entra dans la chambre : c'était celle du
duc de Beauvilliers. Il dormait pro-
fondément ; le père Gabriel l'appela
d'abord, puis, il le tira par le bras
pour l'éveiller. Le duc se mit tout à
coup sur son séant et fixa sur le jésuite
des regards étonnés.

— Que faites-vous ici, monsieur,
s'écria-t-il? comment y êtes-vous en-
tré?

— Vous le saurez tantôt, répondit
le père Gabriel, je viens pour vous

rendre un grand serviee. Il,s'agit de sauver cette nuit mademoiselle de Mauléon, et de vous sauver vous-même; des ordres sont arrivés de la cour, demain vous devez être arrêté.

— Comment puis-je vous croire? je n'ai commis aucun crime.

— Non; pas comme vous l'entendez. Mais des sommes immenses déposées à la banque d'Angleterre.

— C'est vrai, interrompit le duc, mais comment puis-je prendre confiance en vos paroles? quel intérêt avez-vous à vous compromettre pour me servir?

— Je vais vous l'apprendre, dit le jésuite après un moment d'hésitation, car il faut que vous preniez de suite confiance en moi, les minutes valent des heures. C'est une vengeance, je suis dévoré de passion pour la comtesse, elle me dédaigne, elle vous aime ; demain elle apprendra que vous avez tout sacrifié à une autre.

— Je vous crois, interrompit le duc en s'habillant à la hâte, quels sont vos moyens d'évasion.

— Vous allez les connaître : tout est prêt, dans quelques minutes vous serez dehors ; il nous restera encore quatre heures de nuit, nous les emploierons à vous chercher une retraite, avec de l'or nous y parviendrons.

— J'en connais une sûre.

— Tant mieux ! c'est excellent ! Mais il faut sortir d'ici cette nuit, demain il ne serait plus temps. On vous aurait arrêté, et mademoiselle de Mauléon aurait épousé le chevalier de Basville.

— Comment ?

— Oui, de gré ou de force, on la marierait demain matin, si nous n'avions la précaution de l'ôter de leurs mains.

— Je suis prêt, dit le duc en serrant dans ses poches son porte-feuille et tout l'or qu'il avait, et en jetant son manteau sur ses épaules.

Le jésuite se hâta d'enlever les draps qui garnissaient le lit, il les noua, entr'ouvrit la fenêtre qui donnait sur une rue étroite et peu fréquentée, et les y attacha de manière qu'on pouvait croire qu'ils avaient servi à l'évasion du duc.

— Suivez-moi, dit-il en prenant sa bougie.

Le duc marcha sur les pas de son conducteur qui le fit entrer dans l'hôtel de l'intendance par la porte de communication.

— Je comprends, dit le duc, comment vous vous êtes introduit chez moi.

— Ce n'était pas la première fois ; l'intendant lui-même est allé visiter votre correspondance.

— L'infâme !

— Chut! un souffle pourrait nous perdre.

Ils continuaient de descendre, et bientôt ils arrivèrent dans le jardin ; la nuit était très obscure, on ne voyait pas à deux pas devant soi.

Le jésuite alla en tâtonnant au fond du jardin, et revint avec une longue échelle ; il la posa devant une fenêtre du premier étage et monta doucement, le duc demeura en bas, épiant le moindre bruit. Le père Gabriel frappa un léger coup contre la fenêtre, tout resta tranquille ; il frappa

encore une fois, alors la fenêtre s'ouvrit.

— Que me voulez-vous? dit Élisabeth d'une voix à peine articulée.

— Nous venons vous sauver, répondit le jésuite, prenez courage, dans
dix minutes, vous serez libre.

— Que faut-il faire?

— Passer par-dessus la fenêtre et
descendre.

— J'ai peur, je ne puis pas.

— Descendez, monsieur, dit le
duc, j'aiderai mademoiselle de Mauléon.

Le jésuite abandonna l'échelle, le
duc y monta et se tint debout sur le
dernier échelon.

—Élisabeth, dit-il, prenez courage,
c'est moi; asseyez-vous sur le bord de
la fenêtre, n'ayez pas peur.

Elle fit ce qu'il lui disait; alors il la prit dans ses bras et descendit.

— Maintenant, dit le jésuite, il s'agit de franchir les murs du jardin.

— Non, interrompit le duc, j'ai la clef de la petite porte.

— Allons, s'écria le jésuite avec un accent inexprimable de triomphe et de joie.

— Monsieur, dit le duc, quand ils furent arrivés dans la rue, nous n'avons pas de temps à perdre en protestations; je n'ai qu'un mot à vous dire : en tous temps, en tous lieux, vous me trouverez disposé à récompenser de tous mes moyens l'éminent service que vous venez de me rendre.

— Je vous remercie, répondit le jésuite, soyez prudens, qu'on ne vous rattrappe pas; épousez mademoiselle

de Mauléon le plutôt que vous pour-
rez, c'est tout ce que je vous demande.

— Adieu! dit le duc en lui faisant
signe de la main et en entraînant Élisabeth qui, muette, tremblante, se
soutenait à peine.

— Vous êtes libre, dit le duc en
pressant le bras qu'il tenait, nous allons chez Ursule; Lhomond ne nous
attendait pas sitôt, mais il est prévenu.

— Ah! je vous dois plus que la
vie! interrompit Élisabeth.

En peu de momens les deux amans
arrivèrent chez Ursule qui ne les fit
pas attendre à la porte, grâce au
signal dont était convenu la vieille
avec le duc

CHAPITRE XXXIX.

Perdre un bien qui jamais ne permit d'espérance,
N'est qu'un mal dont le temps calme la violence ;
Mais voir un bel espoir tout à coup avorter,
Passe tous les malheurs qu'on ait à redouter.

Thomas CORNEILLE.

LE jésuite regagna sa chambre sans être aperçu par ame qui vive. Il se mit au lit ; mais le sommeil n'approcha pas de ses yeux. Impatient de

jouir de sa vengeance, il attendait avec
une agitation inexprimable le moment
où la comtesse apprendrait les événemens de la nuit.

— Six heures sonnèrent enfin, le
jour ne paraissait pas encore; le jésuite s'habilla à la clarté de sa lampe,
et descendit chez le chevalier.

— Êtes-vous prêt? dit-il en frappant à la porte.

— Oui, mon père, répondit le
chevalier en paraissant.

— Allons chez madame la comtesse, dit le jésuite.

Ils descendirent l'escalier sans parler; arrivés au premier étage, ils rencontrèrent les témoins et M. de Basville.

— Tout le monde est exact, à ce
que je vois, dit l'intendant, il ne

manque plus que la comtesse et la mariée.

— Nous allons les chercher, dit le chevalier d'un ton qu'il s'efforçait de rendre ferme et résolu.

M. de Basville frappa à la porte de sa fille; Pionne ouvrit à l'instant.

— Entrez dans le salon, messieurs, dit l'intendant en passant dans la chambre à coucher de la comtesse.

— Eh bien! Louise, dit-il, êtes-vous prête? ceci est un grand coup.

— Mon père, interrompit la comtesse, nous avons oublié une chose bien essentielle, le contrat.

— J'y ai songé, il est dressé, le notaire nous attend pour le signer.

— En ce cas, nous allons descendre à la chapelle, je ne vous demande que deux minutes pour faire

mettre, une de mes coiffes à mademoiselle de Mauléon.

— Elle est encore dans sa chambre.

— Non, elle est là dans ma bibliothèque.

La comtesse prit la clef qui était
sur la cheminée et voulut ouvrir la
porte; mais elle résista à tous ses efforts.

— Je vois ce que c'est, s'écria madame de Brasci, l'entêtée créature a
poussé le petit verrou qui est en dedans; mais si elle ne veut pas ouvrir,
nous allons enfoncer la porte.

Les deux témoins, le jésuite et le
chevalier entrèrent alors attirés par
le bruit que faisait la comtesse.

— Elle s'est enfermée là dedans et
ne veut pas ouvrir, leur dit l'intendant.

— Il faut enfoncer la porte, s'écria le jésuite.

Alors, aidé du secrétaire, il détacha les gonds; la porte tomba avec fracas et laissa voir l'intérieur du cabinet.

— Mademoiselle de Mauléon n'y est pas! s'écria la comtesse en pâlissant.

— Comment, c'est impossible! dit le jésuite en furetant sous les meubles.

— La fenêtre est ouverte, elle a sauté par là! s'écria le chevalier, ô mon dieu! elle se sera blessée!

— Plût à Dieu qu'elle se fût cassé les deux jambes, interrompit la comtesse, nous la rattraperions plus facilement. Elle doit être dans quelque recoin du jardin; il faut qu'on la re-

trouve! Courez, éveillez tous les gens
de l'hôtel!

— Il faut donner des ordres, dit
l'intendant, venez Bossard.

En un instant, tout fut en mouvement dans l'hôtel. Le jour paraissait; on chercha de tous côtés, mais
sans pouvoir trouver même le moindre indice des moyens qu'Élisabeth
avait employés pour s'enfuir.

— Mademoiselle de Mauléon n'est
pas la seule à avoir pris le large, elle
a probablement un complice et un
compagnon de sa fuite.

— Qui donc? demanda la comtesse
d'une voix altérée.

— Le duc de Beauvilliers.

Madame de Brasci pâlit, ses genoux
s'affaissèrent, et elle tomba dans un
fauteuil; mais cette faiblesse ne dura
qu'un instant.

— Je suis bien, que me voulez-vous? dit-elle d'un ton sec au jésuite qui s'empressait pour la secourir.

— Oui, continua l'intendant, il est parti cette nuit; ses gens étaient couchés dans l'antichambre, il s'en méfiait sans doute, car il est passé par la fenêtre.

— C'est inconcevable, dit le jésuite d'un ton hypocrite, qu'est-ce qui a pu le pousser à une pareille extrémité?

— Sang de Dieu! s'écria l'intendant, je ne le sais que trop; il aura eu vent de son arrestation.

— Sans doute, interrompit la comtesse, si vous découvrez qui a donné cet avis, ce sera un trait de lumière; qui avez-vous instruit du contenu de la dépêche d'hier soir?

— Vous seule

— Moi seule !. c'est impossible.

— Cela est pourtant vrai, dit l'intendant d'un air de hauteur.

— L'indigne ! s'écria la comtesse ;
en ce cas, il n'a eu d'autre motif en
fuyant que d'enlever mademoiselle de
Mauléon !

—Sans doute, dit le jésuite.

— Il faut se hâter, interrompit madame de Brasci, et promettre une
grosse récompense à qui les dénoncera.

—Nous perdons du temps en paroles, dit l'intendant, il faut agir ; je
vais mettre tout mon monde en campagne.

La comtesse épuisée par les émotions violentes qu'elle venait d'éprouver, se leva lentement de dessus son
fauteuil, et quitta le salon appuyée

sur le bras de Pionne. Le jésuite la
suivit des yeux.

— Ah! murmurait-il en pressant
les mains sur sa poitrine, d'un air
qu'on aurait pu prendre pour de la
componction, que la vengeance est
douce!

Toutes les perquisitions furent inutiles; en vain une forte somme fut
promise à celui qui découvrirait les
fugitifs, nul ne put retrouver leurs
traces.

On se lassa de recherches infruc-
tueuses, et M. de Basville plus las
encore de cette affaire qui lui avait
donné tant de désagrémens, finit par
ordonner qu'on ne lui en parlât plus.

D'autres événemens vinrent faire
diversion au ressentiment de l'intendant : les Camisards vaincus de tous
côtés, finirent par se disperser tout-à-

fait. Rolland et quelques autres furent pris les armes à la main et moururent sur le bûcher. Ainsi finit cette guerre qui causa en Languedoc des maux qu'une longue paix ne put jamais réparer.

CHAPITRE XL.

Comme douleurs de nouvel amassées,
Font souvenir des liesses passées ;
Ainsi plaisir de nouvel amassé,
Fait souvenir du mal qui est passé.

Clément Marot.

PLUSIEURS années après ces événemens, un homme de moyen âge
parcourait à cheval, et suivi d'un seul
domestique, la route qui conduit au

village de P......., dans le Devons-
hire.

— Mon petit ami, dit-il à un enfant
qui jouait sur le bord du chemin,
pourriez-vous me dire si je suis encore
éloigné du château de M. le duc de
Beauvilliers.

— Vous demandez la maison neuve,
la maison du Français, dit l'enfant en
levant la tête et en écartant les cheveux blonds qui tombaient sur son
front.

— Oui, mon ami.

— Eh bien! marchez encore un
peu, ensuite vous verrez à gauche une
belle allée d'ormes; c'est le chemin
qui conduit à la maison neuve.

Guidé par ces renseignemens, l'é-
tranger arriva bientôt devant une
maison de l'aspect le plus agréable.
Le bon goût et la richesse semblaient

avoir réuni leurs efforts pour embellir ces lieux.

L'étranger, s'adressant au premier domestique qu'il rencontra, demanda à être introduit près du maître de la maison.

— Monsieur est là, dit le domestique en désignant le jardin où se promenaient un homme de haute taille et une jeune dame qui tenait un enfant par la main. La jeune dame considéra un moment l'étranger.

— C'est M. Cavalier! s'écria-t-elle.

— Oui, madame, répondit-il; en arrivant en Angleterre, je me suis informé de votre sort : il me paraît aussi heureux que vous le méritez.

Élisabeth sourit, et en même temps ses yeux se mouillèrent de larmes d'attendrissement.

— Ah! dit-elle, quel bonheur de

voir un Français ! d'entendre parler
de la France ! Mon ami , ajouta-t-elle ,
en se tournant vers son mari, faites
appeler Lhomond.

Le vieux serviteur arriva aussitôt ,
et pleura en voyant Cavalier.

—Monsieur Cavalier, dit Élisabeth ,
je crois pouvoir vous demander , sans
indiscrétion, qu'elle a été votre bonne
et mauvaise fortune depuis le jour où
je vous vis pour la dernière fois; c'était,
s'il m'en souvient bien, lorsque vous
vîntes à Nîmes pour négocier la paix...

— Depuis ce moment, répondit
l'ancien chef Camisard, ma vie a été
mêlée de succès et de malheurs. Après
la paix, je refusai de prendre du service en France, j'allai en Piémont, et
j'eus de l'avancement dans l'armée du
duc ; mais je ne pouvais pas m'accou-
tumer à vivre avec des gens qui vont

à la messe. Je rentrai en France et je vins à Paris. Le roi défunt vivait encore; il voulut me connaître ; je me mis sur son passage un jour qu'il allait à la promenade : en me voyant il haussa les épaules, et ne daigna pas écouter le compliment que je lui adressais. Je me suis enfin décidé à venir en Angleterre , visiter des gens qui avaient bonne volonté pour nous dans le temps que nous faisions la guerre dans les Cévennes ; ils se sont souvenus de moi, et je vais bientôt repasser la mer pour aller prendre possession du gouvernement de l'île de Jersey.

— Et Nîmes, monsieur Cavalier, pourrez-vous nous en donner des nouvelles ? demanda Élisabeth. La comtesse de Brasci s'est-elle remariée ?

— Non, madame. C'était un esprit bien ambitieux et bien remuant ; pen-

dant les dernières années de la vie du
feu roi, elle a reparu à la cour. Elle
affichait une grande dévotion, et était
dans une haute faveur auprès de madame de Maintenon. On dit que ce
crédit est l'ouvrage d'un jésuite qui a
habité Nîmes long-temps.

— Le père Gabriel.

— C'est cela. Il était l'ame damnée
du père Lachaise. A la mort du roi,
tout a bien changé de face : madame
de Brasci a cessé d'être dévote, et
maintenant elle figure à la cour du
régent.

— Et M. de Basville?

— Il est mort d'un accès de colère,
dit-on, lorsque le régent fit droit aux
suppliques des protestans retenus aux
galères.

— Ma chère Élisabeth, dit le duc,
vous oubliez une personne qui eut

pour vous des sentimens plus tendres que tout ce monde-là. Qu'est devenu le chevalier de Basville ?

— Le pauvre garçon est allé mourir en Espagne, répondit Cavalier ; on prétend que sa sœur lui reprochait tous les jours de n'avoir pas su se faire aimer de mademoiselle de Mauléon....

— Monsieur Cavalier, interrompit Élisabeth, vous avez accepté le gouvernement de Jersey, vous renoncez donc pour toujours à la France ?

— Oui, madame, je n'y ai éprouvé que des malheurs et des injustices.

— Ah ! dit Élisabeth, il nous a été bien fatal aussi ce sol de la France, il nous a rejetés, mais nous le chérissons toujours...

— Mon Élisabeth, interrompit le duc, nous le reverrons un jour. En

attendant, n'as-tu rien ici qui te con-
sole de l'exil?

Élisabeth ne répondit rien, mais
elle passe son bras sous celui de son
époux, et sourit, en posant sa bouche
sur le front de son enfant.

FIN.

EXTRAIT

DU CATALOGUE

de la Librairie

DE PONTHIEU ET COMPAGNIE,

AU PALAIS-ROYAL, A PARIS.

ANNUAIRE ANECDOTIQUE, ou Souvenirs contemporains.

Année 1826, 2ᵉ édition, grand in-18. 4 fr.
Année 1827, 2ᵉ édition, grand in-18. 4 fr.
——— 1828.

Cet ouvrage, publié pour la première fois en 1826, et dont chaque année il paraîtra un nouveau volume, est non-seulement l'écho des salons de la capitale, mais il renferme encore toutes les anecdotes que les journaux de l'Europe et même de l'Amérique, trans-

mettent jusqu'à nous ; aussi a-t-il été fort re-
cherché, et dans l'espace de quelques semaines, deux éditions du premier volume ont été
épuisées. Voici comment le *Constitutionnel* du
20 décembre 1826, s'exprimait sur son compte.
« Parmi les ouvrages qui obtiennent le plus
de succès, disait-il, il faut citer l'*Annuaire
anecdotique.* Ce joli volume, entièrement com-
posé des anecdotes qui ont fait l'entretien de
nos salons dans le cours de l'année, renferme
sur les hommes de notre époque une foule de
faits curieux, et qui ne seront pas tous perdus
pour l'histoire. C'est peut-être l'ouvrage qui
peint le mieux notre société actuelle, et re-
trace avec le plus de fidélité son étrange phy-
sionomie ; car il met tour-à-tour en scène les
personnages les plus opposés ; il va de Mont-
Rouge à la Chambre des Pairs, du camp d'I-
brahim à la cour de Don Pédro, et du théâtre
au jubilé ou à la mission. Ce sont de petites
chroniques souvent fort piquantes, et assez
curieuses pour justifier l'empressement qu'on
met à les lire. »

ANNUAIRE NÉCROLOGIQUE, ou Complément annuel et continuation de toutes les
biographies et dictionnaires historiques ,
contenant la vie de tous les hommes remarquables par leurs actes ou par leurs
productions, morts dans le cours de chaque
annéc, à commencer de 1820 ; rédigé et
publié par A. Mahul. In-8°, orné de por-
traits.

1ʳᵉ année, pour 1820. . ,	5 fr.	»
2ᵉ année, pour 1821. . .	7 fr. 50 c.	
3ᵉ année, pour 1822. . .	7 fr. 50 c.	
4ᵉ année, pour 1823. . .	8 fr.	»
5ᵉ année, pour 1824. . .	8 fr.	»
6ᵉ année, pour 1825. . .	8 fr.	»

Le succès de cet ouvrage n'a fait qu'aug-
menter chaque année. Son utilité le recom-
mande assez pour qu'il soit inutile de le louer.
Toutes les personnes qui possède la *Biographie Universelle* de M. Michaud ou toute autre
biographie , même celle des contemporains,
trouveront dans l'*Annuaire Nécrologique* un
complément indispensable. L'histoire de tous

les hommes célèbres qui sont morts dans l'année y est écrite, de l'aveu de tous les journaux, avec autant de talent que d'impartialité. Les soins et les recherches que l'auteur a mis à la rédaction de cette Biographie, ont été justement appreciés; et jamais les éloges que les feuilles publiques ont donnés à un livre utile et curieux, n'ont été plus mérités.

ANNALES BIOGRAPHIQUES, ou Complément annuel et continuation de toutes les biographies ou dictionnaires historiques, contenant la vie de toutes les personnes remarquables en tous genres, mortes dans le cours de chaque année. Deux volumes in-8° par année. . . . .

Les *Annales Biographiques* sont destinées à remplacer et à continuer l'*Annuaire Nécrologique*, ou plutôt c'est le même ouvrage sous un titre différent et rédigé sur un plan plus étendu. Ainsi rien d'essentiel n'est changé, mais seulement les détails de l'exécution. L'on a espéré le rendre plus complet et plus intéressant, en lui donnant l'étendue et le carac-

tère d'un recueil historique. On pourra aussi
enrichir les notices consacrées aux hommes
illustres de notre époque de faits importans,
de lettres curieuses et inédites, de mémoires
originaux ou auto-biographiques. Par suite
de cette extension du plan, au lieu de pu-
blier un seul volume chaque année, il en paraîtra deux, divisés en quatre livraisons. L'auteur de l'*Annuaire Nécrologique* s'est joint,
pour le travail, de nouveaux collaborateurs,
soit en France, soit à l'étranger, et les talens
réunis ne peuvent que donner aux *Annales
Biographiques* un mérite nouveau. La première
partie du premier volume est en vente. Prix :
6 fr. Le prix des quatre cahiers, formant
deux volumes, est de 20 fr. pour les souscrip-
teurs.

BIOGRAPHIE DES CONTEMPORAINS; par
Napoléon. 1826. Un vol. in-8°. . . 6 fr.

Cette Biographie est véritablement compo-
sée par Napoléon, puisqu'elle ne contient pas
une ligne, pas un mot qui ne soit textuelle-
ment emprunté aux divers écrits que nous

T. III.   14

avons de l'ex-empereur. Les *Mémoires* de
MM. de Las-Cases, O'Méara, Montholon,
ont fourni le reste. Aussi est-ce un des livres
les plus intéressans que l'on puisse lire, puisqu'il présente à la fois et à l'instant dans un
seul volume, l'opinion de l'homme doué de
l'esprit le plus observateur, sur une grande
partie des personnages qui ont figuré depuis
trente ans sur la scène politique de l'Europe.

BIOGRAPHIE DES QUARANTE DE L'ACA-
DÉMIE FRANÇAISE, 2ᵉ édition, 1826.
Un vol. in-8°. . . . . 6 fr.

Des détails fort curieux, fort piquants sur
les quarante immortels, des épigrammes dont
la verve et la malice ont dénoncé la muse de
deux jeunes poètes qui ont placé leurs noms
à la tête des satiriques de notre époque, ont
fait obtenir à cette *Biographie* un sujet de vo-
gue qui ne s'est point ralenti. La plupart des
académiciens même ont ri. Comme l'a dit
l'auteur de notre *Annuaire Anecdotique* : « En
France les épigrammes spirituelles n'ont jamais fâché que les sots. »

CONSPIRATION DE RUSSIE, Rapport de la
commission d'enquête de Saint-Pétersbourg
à S. M. l'empereur Nicolas Ier, sur les so-
ciétés secrètes découvertes en Russie, et
prévenues de conspiration contre l'État, sur
leur origine, leur marche, le développe-
ment successif de leurs plans, le degré
de participation de leurs principaux mem-
bres à leurs projets et à leurs entreprises,
ainsi que sur les actes individuels de cha-
cun d'eux, et sur ses intentions avérées.
1827, 2ᵉ édition. In-8ᵉ. . . . 3 fr. 50 c.

CONSPIRATION DE POLOGNE, Rapport
de la commission d'enquête établie à Varsovie par le grand duc Constantin Cesa-
rowitch, commandant en chef l'armée po-
lonaise. 1827. Un vol. in-8°. . . . . 5 fr.

Le but des conjurés polonais, qui tendait à
réunir sous un même souverain les parties di-
visées de l'ancienne Pologne, leurs efforts
malheureux pour reconquérir son indépendance et sa liberté, étaient sans doute dignes
de fixer les regards de l'Europe. Le rapport de

la commission d'enquête que nous publions,
d'après l'original imprimé à Varsovie, forme
le complément de la *Conspiration de Russie.*

ÉTATS (les) DE BLOIS, ou la Mort de MM. de
Guise, scènes historiques (décembre 1588);
par l'auteur des *Barricades*, 3ᵉ édit. Un vol.
in-8°, avec le plan de Blois. . 7 fr. 50 c.

Le succès que les scènes historiques, pu-
bliées sous le titre d e s *arricades* et des *Etats
de Blois* ont obtenu, nous dispensent de faire
l'éloge de ces deux livres. On conçoit que les
événemens qui font le sujet de ce nouveau
volume étaient beaucoup plus importans et
d'un caractère bien plus tragique que ceux
des *Barricades*; aussi les scènes des *Etats de
Blois* excitent-elles la plus vive curiosité.

Sous presse :

LA MORT DE HENRI III A St.-CLOUD,
par l'auteur des *Barricades* et des *Etats de
Blois*, dont ce nouvel ouvrage formera le
complément.

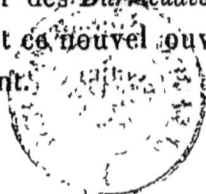

www.ingramcontent.com/pod-product-compliance
Lightning Source LLC
Chambersburg PA
CBHW072248270326
41930CB00010B/2300